ERÓTICA Y MATERNA

MARIOLINA CERIOTTI MIGLIARESE

ERÓTICA Y MATERNA
Viaje al universo femenino

Sexta edición

EDICIONES RIALP
MADRID

Título original: *Erotica & materna*
© 2018 *by* EDIZIONI ARES
© 2024 de la versión española realizada por Elena Álvarez
by EDICIONES RIALP, S.A.
Manuel Uribe 13-15, 28033
Madrid (www.rialp.com)

Primera edición: abril 2018
Sexta edición: mayo 2024

Preimpresión: Jorge Alonso Andrades
ISBN: 978-84-321-6754-6
Depósito legal: M-7797-2024
Impreso en Anzos, S. L. - Fuenlabrada (Madrid)

A mi madre y a mi hija

ÍNDICE

INTRODUCCIÓN

La reflexión sobre la condición femenina es urgente en nuestro tiempo. Es un tema muy complejo: en realidad, la mujer no es solamente «la otra mitad del cielo», sino esa parte del género humano que concede (o no) el acceso a la vida. El hombre toma forma en su cuerpo y en su mente, se nutre de ella; aprende el lenguaje de la relación, primero y fundamental, mediante un intercambio empático con ella.

La mujer conduce al niño que lleva en su seno desde la simbiosis (el uno) a la relación (el dos), y su asentimiento es decisivo para que el hijo tenga acceso al tres, número del padre y cifra del crecimiento.

La mujer tendría que ser compañera del hombre, en la igualdad absoluta de valor y en la diferencia profunda en el ser.

Nunca hasta hoy hemos tenido tan cercana la posibilidad de comprender la igualdad de valor entre los sexos, su reciprocidad en la diferencia. Y al mismo tiempo, nunca nos hemos encontrado más alejados, desviados y confundidos, al convivir en una cultura que niega el valor de la diferencia. Precisamente en esto reside la paradoja de nuestro mundo.

A primera vista, la complejidad del tema resulta realmente desanimante, ya que es imposible decirlo todo. Con mayor razón, cuando la intención es escribir un libro ágil, esencial, que pueda comunicar en poco espacio lo que considero más importante. He decidido proceder de una forma totalmente arbitraria, y compartir así algo que ha sido y es, ante todo, un itinerario de búsqueda personal. El libro nace de la convicción profunda de que no se puede posponer más la reflexión sobre la condición femenina, y el contenido que aquí ofrezco es un recorrido concreto, vinculado a lo que ha sido *para mí,* en los últimos tiempos, el principal foco de profundización e interés.

En el primer capítulo he querido empezar por contemplar al tiempo en que vivimos: complejo, rico y contradictorio. En él, con una aceleración dramática, se ha ido modificando sustancialmente la sensibilidad colectiva hacia temas cruciales como la diferencia sexual, el valor de la persona o el sentido del nacimiento y de la muerte. Es decisivo hablar de ello, aunque cada tema en sí mismo requeriría una profundización, y probablemente también una competencia más específica que la mía. Pero ya no hay tiempo que esperar, y por eso confío en que mis reflexiones puedan insertarse en un debate no especializado y comprensible a todos, porque se está produciendo una transformación progresiva de nuestros principales códigos simbólicos. Este cambio no es una cuestión abstracta, sino una realidad muy concreta que nos afecta a cada uno, hombres y mujeres. Sus repercusiones sobre nuestro modo de convivir serán cada vez más evidentes y fuertes.

Por eso me he detenido brevemente en algunas cuestiones fundamentales: el valor de la «persona», la progresiva banalización de las preguntas de sentido, la diferencia sexual y su valor, el significado simbólico de la palabra «engendrar».

Estas cuestiones y algunas otras están en el fondo de la vida de todos nosotros, pero son especialmente incisivas para la mujer. Durante siglos, nuestra cultura la ha elegido como principal custodia de la vida y del ser humano. Hoy en día, ella ha dejado de reconocerse en esa imagen que parece destacar solamente sus aspectos maternos.

En el segundo capítulo he afrontado la complejidad de la condición femenina, en sus dos «almas» *erótica* y *materna*. La mujer no siempre es consciente de esta dualidad, cuyo origen se encuentra en la naturaleza de su cuerpo. En todo caso, lo erótico y lo maternal, el amor de sí y el amor al otro, son dos componentes inescindibles de la condición femenina, y es necesario que ambos encuentren su espacio adecuado en la vida de la mujer. Al mismo tiempo, ambos componentes deben encontrar un equilibrio y una integración mutuas: en efecto, un exceso en el componente erótico/narcisista supone egoísmo y aridez emotiva; pero el exceso en el componente maternal puede incluir elementos sofocantes que resultan igualmente peligrosos para las relaciones.

Queda mucho por profundizar sobre el significado del estar en el mundo «en femenino», según una condición femenina que incluye el cuerpo, los afectos, la inteligencia, la espiritualidad, la vida. Muchas mujeres, aunque han descubierto la sexualidad, el placer del éxito profesional, la libertad para plantear su vida como quieran, todavía parecen desconocer el modo de convertirse en protagonistas con plena conciencia de sí mismas, de su especificidad y de lo que necesitan (en cuanto mujeres) para sentirse en paz consigo mismas y ser felices.

Si la mujer pierde conciencia de sí misma y de los dones que porta, la vida de todos se empobrece, se vacía y se vuelve más árida.

En el tercer capítulo me he detenido en una reflexión más concreta sobre lo «maternal». De hecho, creo que una emergencia de nuestro tiempo es precisamente la creciente incapacidad para entender y apoyar el desarrollo de una maternidad «buena» en las mujeres, que comporta la capacidad de acoger al ser humano y al mundo. Cuando «maternal» es sinónimo de «sacrificial», se aplasta el componente de narcisismo sano de la mujer. La consecuencia es un rechazo inevitable y legítimo, por parte de las mujeres, de asumir este papel. En cambio, lo maternal bien interpretado es fuente que hace posible la máxima creatividad de la condición femenina.

La mujer es potencialmente revolucionaria, precisamente porque está vinculada a la vida de una forma muy particular, que sabe reinventarse constantemente. Su orientación es la vida concreta: su propia vida, tal y como sucede, y la de las personas que tienen valor para ella. Por eso, las mujeres tienen un pensamiento más libre que el de los hombres, al menos en potencia: porque les interesan más las personas concretas que las ideas abstractas, y porque buscan, detrás de cada idea, su relación con la vida.

Edith Stein dice a propósito de esto: «La mujer está en condiciones, más que el hombre, de tener presente, también en un trabajo en apariencia volcado totalmente a las cosas, que *cada cosa sirve para una persona*», y también «la *cosa* solo le interesa en la medida que sirve al viviente y a la persona». Este es el elemento que la orienta, porque la persona ocupa el primer puesto en su escala de valores.

La mujer siempre ha sido más capaz que el varón de intuir el valor especial de cada ser humano, porque todos tienen su origen en ella y, en consecuencia, cada uno es siempre «hijo» en cierto sentido. También está instintivamente más cercana que el varón a la conciencia del carácter único de cada criatura. Sabe que cada vida humana es siempre, desde su primera manifestación, una persona: cuerpo, alma y psique.

Desgraciadamente, hoy en día somos testigos de un ataque frontal a esta forma de sabiduría propia de la condición femenina acerca del cuerpo y de la persona. Hay un ataque feroz a las mujeres, que cuenta con el consentimiento de ellas, bajo los residuos mentirosos de la liberación y del progreso: creo, por eso, que la reivindicación de estas prerrogativas es un paso indispensable.

Pero dar testimonio del valor de la condición femenina y de la riqueza de sus componentes es una tarea decisiva que corresponde a cada madre realizar con sus hijas. Son las madres quienes, con su vida, sus batallas, sus pensamientos, pueden abrir a sus hijas el camino de la propia identidad sexuada. A través de la compleja relación con su madre, cada mujer percibe su propio valor o la flaqueza de su identidad, y establece las bases para su desarrollo como mujer.

A este tema he dedicado el cuarto capítulo.

El tema es tan rico y tiene tantas facetas que he tenido que elegir, también en este caso. He dado preferencia a dos momentos decisivos: el principio de la relación madre/hija, con las dificultades que pueden surgir, y el primer punto crítico del crecimiento, que coincide con la pubertad y la preadolescencia. Este segundo momento asume el primero, le ofrece la posibilidad de corregir sus errores o, por el contrario, puede fijar daños que harán la vida adulta más problemática.

El quinto capítulo está dedicado a otro tema de gran importancia, relacionado con la sexualidad: hombre y mujer expresan en este campo una diferencia muy profunda, que frecuentemente es fuente de incomprensiones, esfuerzos e insatisfacciones recíprocas.

La mujer no es, ni puede ser, sexualmente idéntica al varón, porque la misma estructura de su cuerpo condiciona modalidades diferentes en la experiencia de la excitación y del placer. De hecho, el deseo sexual masculino es más simple y directo, e igualmente la experiencia del placer es para él más simple y más directa. Con demasiada frecuencia, la participación de la mujer en la relación sexual consiste simplemente en adaptarse al hombre, lo que supone una renuncia a aquel intercambio verdadero e igualitario que es requisito del amor y que podría convertirse en una gran riqueza para la pareja.

En este tiempo en que se habla tanto de sexo, la realidad es que el hombre todavía conoce muy poco la sensibilidad sexual de la mujer. Incluso el recurso a la píldora anticonceptiva, que las mujeres vivieron en un primer momento como la vía maestra para acceder a la llamada igualdad sexual, en muchos casos no ha hecho otra cosa que aminorar aún más la responsabilidad del varón hacia ella, porque le permite pensar que la mujer puede y quiere, igual que él puede y a veces quiere, gozar de un sexo desvinculado de sus matices afectivos y relacionales.

Creo que ha llegado el momento de comprender que la forma más satisfactoria de sexualidad se expresa precisamente en la relación de amor verdadero entre un hombre y una mujer: protegidos por la confianza que nace de la promesa recíproca, ambos pueden aprender a conocerse sin temor a través del propio cuerpo sexuado, gozando plenamente el uno de la otra y el uno con la otra.

El sexto capítulo está dedicado a un tema de gran importancia en el universo femenino: la relación con las otras mujeres. Se trata de una relación multiforme y rica en potencialidades, pero que con frecuencia se ve acechada por el peligro concreto del sentimiento de envidia. Este tiene muchos matices, y no todos resultan evidentes de forma inmediata. La envidia es un sentimiento doloroso y destructivo, tanto para quien la siente como para quien la padece, y genera divisiones que hacen difícil y hasta imposible la colaboración y el trabajo en equipo.

Es muy importante conocer la dinámica de la envidia, su origen y su significado, porque solo de este modo será posible que las mujeres la reconozcan, en primer lugar, en sí mismas, y que le hagan frente para librarse de ella.

Entonces será posible que todas descubran que la relación entre mujeres puede ser fuente de una riqueza envidiable, que nace de la posibilidad de ser realmente solidarias y de trabajar juntas para valorar al máximo las características de cada una.

Finalmente, he querido dedicar el último capítulo al paso de testigo entre generaciones. Existe una sabiduría femenina por descubrir, que se extiende desde el cuidado del cuerpo al de las relaciones, del sentido del ritmo del tiempo a la capacidad de celebrar.

El mundo tiene una gran necesidad de las mujeres, de su modo de ver las cosas, de amar y de cultivar la belleza junto a la utilidad, de hacerse cargo de todo lo que necesita cuidado. Si las mujeres renuncian a la comprensión y al cultivo de sus características específicas, dejará de existir gran parte de belleza y gratuidad.

Hablar de la condición femenina y de sus cambios supone sacar a la luz un tema que nos importa a todos. Sin duda, a las mujeres, que hoy más que nunca necesitan tratar de su identidad propia y específica. Pero también es importante para los hombres, que necesitan aprender a comprender mejor a las mujeres para beneficiarse de la relación con ellas, y que también tienen la tarea de contribuir de forma más consciente al bienestar de las mujeres que aman y al de sus hijas.

La palabra mujer es hermosa: tiene su raíz en el término latino «domina», que significa «señora». Es una palabra que debería evocar valor y respeto, en un mundo donde el respeto a las mujeres parece haber quedado extremadamente lejano.

La relación entre los sexos nunca ha sido fácil, pero hoy conoce matices negativos inesperados, muy alejados de las verdaderas expectativas de los hombres y mujeres reales. El nuestro es un mundo extraño, en el que parece justo abolir la fertilidad de la mujer precisamente cuando es más fácil ser madres, y estimular su cuerpo para que se vuelva fértil cuando las energías vitales para la maternidad ya están en decaída. Es un mundo que interpreta como signo de libertad la posibilidad de abortar solas gracias a una píldora, o la de encontrarse sexualmente con muchos hombres para «tener muchas experiencias». Un mundo en el que nadie grita ni se escandaliza ante el terrible mercado de los vientres de alquiler, que explota el cuerpo de las mujeres como puras máquinas de hacer hijos por un precio.

Hoy en día las mujeres encuentran muchísimos hombres dispuestos a ofrecerles una noche de sexo, casi ninguno que les ofrezca una relación de amor. Aun así, todas siguen deseando ser queridas, encontrar respeto, afecto, ternura y reciprocidad. Estoy segura de que muchos hombres sabrían ofrecerles lo que buscan.

Este libro se propone aportar elementos de reflexión a todos aquellos hombres y mujeres que no se conforman con vivir relaciones provisionales e incompletas, y que todavía desean encontrarse, respetarse y quererse.

I.
ATAQUE AL CORAZÓN DE LA MUJER

Actualidad

Verano de 2014. Leo en el *Corriere de la sera*: «El científico inglés Richard Dawkins afirma: una mujer que espere un niño Down tendría que mostrar su "sentido de responsabilidad" y abortar; después, tal vez, puede volver a intentarlo».

Verano de 2014. Los periódicos recogen la historia de dos gemelos nacidos en Australia por fecundación heteróloga: uno de ellos está afectado por el síndrome de Down. La pareja que los ha «encargado» rechaza al pequeño con discapacidad y solo quiere quedarse con el hijo sano.

Verano de 2014. En Francia, la televisión estatal se niega a transmitir un documental en el que varios niños Down explican por qué vale la pena traerlos al mundo. Se titula *Dear future mom*, y es un documental muy tierno, que ayuda a pensar, pero podría alterar a mujeres que han abortado o que podrían decidir hacerlo.

Octubre de 2014. Facebook y Apple ofrecen a sus empleadas la posibilidad de congelar gratuitamente sus óvulos. Así podrán descongelarlos unos años después, cuando la maternidad deje de interferir significativamente con su actividad laboral.

Nada como este tipo de episodios para sacar a luz la profundidad y amplitud del ataque al corazón de la condición femenina y de la maternidad.

Ha habido años (¿cuánto hace?) en que una mujer capaz de aceptar y querer a un hijo discapacitado era objeto de la admiración y el apoyo de los demás. Sus (enormes) esfuerzos, preocupaciones, ambivalencias, podían encontrar alivio y ayuda concreta en la solidaridad social. Muchos siglos de cristianismo habían convertido en valor común la idea de que desde su origen el pequeño embrión es una persona, y que cada persona tiene un valor único e insustituible, que ni siquiera una discapacidad o una grave enfermedad pueden eliminar.

El núcleo de esta capacidad de acogida han sido siempre las mujeres. En la concreción de la vida cotidiana, ellas se han hecho cargo de las necesidades de los miembros más frágiles de la familia humana. Una labor muchas veces ingrata, cansada, poco reconocida, pero que las propias mujeres reconocían como importante y central, hasta el punto de no poder ni querer renunciar a ella. ¿Pero qué sucede hoy en día?

La propia mujer, hoy, ha perdido la certeza de que una labor como esta siga teniendo sentido. ¿Por qué dejar nacer a personas discapacitadas de las que después hay que ocuparse? A su alrededor no habrá apoyo alguno bajo forma de solidaridad social. En vez de eso, será observada con mal disimulada reprobación: si ha querido que naciera alguien así, peor para ella; podía haber decidido evitarlo, lo más lógico hubiera sido abortar. La gran soledad y el miedo de una mujer ante un embarazo problemático, que ya eran grandes, se han convertido ahora en un tormento.

Sin haber sido plenamente conscientes, nos encontramos ante la pérdida, ya muy avanzada, del concepto mismo de persona, con todas sus consecuencias.

En realidad ¿quién es una «persona»?

Persona es algo más que un «individuo de la especie humana». Como decían los romanos, la persona es un ser *sui iuris*: alguien que es el solo y único patrón de sí mismo, dotado de libre arbitrio, inalienable. Su valor no está sujeto a contrato, y nunca puede ser usado como medio, porque la persona es, en sí misma, el bien más elevado. Por eso, identificar a otro como persona significa reconocerle como sujeto de derechos inalienables, el primero de los cuales es el derecho a la vida sin «si» y sin «pero»: no a la vida que cualquier otro considere digna, valiosa, feliz, útil, bella; simplemente a la vida en absoluto, de la forma en que esa persona la posee.

Desde el momento en que renunciamos a considerar a la persona en sí como un bien y un valor inalienables, las barreras que protegen lo humano se desmoronan una tras otra, como fichas de dominó: ¿tiene sentido ocuparse de padres viejos y enfermos? ¿Tiene sentido hacerse cargo del cuidado de personas en estado vegetativo? ¿Tiene sentido oponerse a una voluntad suicida? ¿Tiene sentido asistir a un discapacitado, a un enfermo de gravedad, a un anciano? Cada una de estas situaciones acaba por representar solamente un costo social importante y sin contraprestación. Se trata de tiempo y dinero desperdiciados porque, según la lógica de la utilidad, esa persona nunca va a estar en condiciones de devolver lo que recibe. Ninguno de estos «sujetos frágiles» está en condiciones de llevar a la sociedad lucro, trabajo, riqueza. ¿Pero en qué consiste la verdadera riqueza de la vida?

El cómo y el porqué

La vida de cada ser humano desemboca, con seguridad, en la muerte. Este dato ontológico e ineludible representa desde siempre el desafío definitivo. Todo el pensamiento ha girado en torno a él, porque lleva consigo todas las demás preguntas: ¿por qué venimos al mundo, si estamos destinados a morir? ¿Qué cosas hacen que valga la pena vivir? ¿Cómo puede el hombre protegerse de la soledad de la muerte? La cultura y la organización social han surgido y se han desarrollado en el intento de enfrentarse a estos interrogantes, que encuentran diferentes respuestas en la historia de las civilizaciones. Pero en el mundo occidental actualmente está ocurriendo algo sin precedentes: por primera vez en la historia, parece que el hombre ha decidido que estas preguntas, las referentes al sentido, se vuelvan sencillamente *irrelevantes*.

Las preguntas acerca del «porqué» de la muerte y de la vida, que también permanecen en el fondo de la conciencia y provocan una inquietud sin solución, parecen haber dejado de tener interés para nuestra cultura. Se han visto progresivamente sustituidas por preguntas sobre «cómo hacer» para prolongar cuanto sea posible la vida y mantener la salud, con la esperanza de evitar la muerte, que es el revés final, la enfermedad última y definitiva que combatir.

Es decir, la muerte ha dejado de concebirse como un dato ontológico, estructural y fundante de la condición humana. Aparece más bien como un accidente: casi como resultado de una falta de atención o de un descuido, que tal vez se podría haber evitado. El interés hacia la muerte de alguien se refiere con insistencia creciente a las formas en que ha acaecido: ¿Vejez? ¿Accidente? ¿Infarto? Saber «de qué ha muerto» una persona concentra nuestra atención sobre la idea de que un poco más de cuidado, un poco más de dieta, un poco menos de humo, algo más de gimnasia, habrían podido evitar esa muerte y tal vez podrían evitar también la nuestra.

Es esto lo que recuerda C. La Fontaine en su libro *El sueño de la eternidad*: «Ya nadie muere sin más. Bajo el ángulo de la diversidad empírica de los casos clínicos, existen prácticamente tantas causas de mortalidad como individuos fallecidos. Privatizada de este modo, la muerte deja de ser percibida como la base ontológica de la condición humana» (La Fontaine, p. 32).

Las preguntas de sentido que nacen del encuentro con la muerte han estado en el origen del pensamiento filosófico y especulativo. También han influido sobre la vida social: la percepción de la soledad y la fragilidad, y el miedo a ambas, ha sido una palanca crucial para empujar a los hombres a agruparse entre sí y a ocuparse unos de otros.

La supresión de la muerte y la imposibilidad de elaborarla por medio de un pensamiento socialmente común han hecho necesario dirigir la mirada en otra dirección. De este modo, el centro de la atención colectiva se traslada hacia temas en apariencia menos abstractos y más controlables. La especulación filosófica se ha visto relegada por un interés creciente hacia el pensamiento científico/tecnológico. En consecuencia, se invierten recursos económicos cada vez más ingentes en la investigación técnico/científica de los medios necesarios para alejar la muerte hasta derrotarla, junto con el intento de hacerse con la posesión de los mecanismos que dan origen a la vida. De hecho, crear vida y destruir la muerte son dos caras inseparables del mismo sueño de omnipotencia.

Junto a esto, se ha hecho cada vez más evidente que la obstinada negación de nuestra fragilidad nos mueve a infravalorar el recurso precioso de ser comunidad, «hacer familia», de unirnos uno a otro con vínculos de amor, cuidado, responsabilidad y reconocimiento. Cada uno de nosotros puede encontrarse orgullosamente libre de vínculos, pero a la vez orgullosamente solo, en dependencia de sí mismo y del miedo inevitable que la enfermedad y la muerte no dejan de proporcionar a cada uno singularmente.

En una especie de inversión figura/fondo, concentramos nuestras energías en la persecución de todo aquello que sea «técnicamente posible» hacer para obtener el pleno control sobre nuestra frágil naturaleza. El interés hacia los procedimientos técnicos (*el cómo*) ha tomado el puesto de las preguntas sobre el valor y el significado (*el porqué*) que tiene para el hombre hacer todo lo que sea «técnicamente posible». Retomando una reflexión del papa Benedicto XVI, nos encontramos inmersos en un contexto cultural donde «el mundo no contiene significado alguno, sino solo objetivos, puestos por la misma evolución. [...] desde esta perspectiva, la máxima mejora posible del mundo es el único mandamiento moral» (Ratzinger p. 162).

Nuestra sensibilidad hacia las cuestiones éticas decisivas y complejas ha cambiado sustancialmente. Lo demuestra, por ejemplo y de forma evidente, el debate sobre la fecundación heteróloga, que ya puede darse por descontada en la lectura de los periódicos. En lugar de preguntar sobre las consecuencias e implicaciones de esa decisión, se nos presiona para que nos hagamos preguntas que, en realidad, pasan por alto las razones últimas de la cuestión. Leídas desde esta perspectiva, también hay preguntas que a primera vista parecen muy significativas (¿es acertado o erróneo pretender que un niño concebido por fecundación heteróloga tenga rasgos fenotípicos similares a los de los «padres»?) pero que en realidad están fuera de lugar y son funcionales. En ellas se da como por descontada e incontrovertible la vía ya emprendida.

Del «porqué» al «cómo», precisamente.

Con todo, no es difícil entender que no es posible dar respuestas adecuadas a preguntas inadecuadas, parciales o mal planteadas. Lamentablemente, todo esto hace que sea muy difícil percibir la lógica que relaciona entre sí temas aparentemente distintos como el aborto, la eutanasia, la destrucción de códigos genéticos, la tendencia eugenésica, o los vientres de alquiler. En realidad, se trata de un solo tema: el cambio dramático de nuestra perspectiva antropológica, que ha dejado de reconocer como presupuesto para la vida en común el valor inalienable de la persona y que aparta la idea de la muerte como límite escandaloso a la omnipotencia del hombre.

En consecuencia, resulta indispensable volver a tratar estas cuestiones, desde un planteamiento «distinto», porque de la forma en que seamos (o no) capaces de afrontarlas depende, con una dramática concreción, el fundamento futuro de nuestra convivencia.

La diferencia sexual

Entre las cuestiones fundamentales de nuestra cultura, la distinción sexual tiene una importancia decisiva.

La diferencia entre los sexos es biológicamente irreductible: no se puede ignorar el hecho de que la criatura humana solo puede nacer como varón o mujer. Todo nuestro cuerpo, en cada célula singular, lleva consigo esta importante impronta genética (cromosoma XX para la mujer, XY para el varón). Esta se mantendrá inalterada durante toda la vida, independientemente de las decisiones sexuales y afectivas que haga cada uno en el curso de su historia.

Por este motivo, la diferencia sexual no puede ser considerada como un simple atributo de la persona. Se ha de entender, en cambio, como un dato constitutivo e insuprimible del ser humano, que se conjuga en la vida como persona-varón o como persona-mujer.

Masculino y femenino son dos modos de estar en el mundo, dos identidades de valor equivalente, ambas enteras y al mismo tiempo incompletas, porque a cada una le falta algo (lo masculino/lo femenino) que solo posee y puede dar el otro. Esto se traduce en la evidencia de que somos incapaces de engendrar en soledad, porque solo el encuentro de lo masculino con lo femenino engendra nueva vida, también cuando se trata del encuentro en probeta entre un óvulo y un espermatozoide.

Sin embargo, y por desgracia, el dato ineludible de la diferencia sexual ha sido interpretado por diferentes sectores como la principal causa de otro dato asimismo evidente. En este caso, tiene naturaleza sociológica: las graves desigualdades entre hombre y mujer en el plano de la vida y las oportunidades. La existencia inequívoca de particularidades anatómicas y funcionales en la mujer se ha interpretado como la verdadera razón de las desigualdades y discriminaciones injustas que se han perpetrado hacia ella en la historia.

A primera vista, la lógica es aplastante: durante siglos, ser mujer ha significado ser la persona más débil porque está sometida a los ritmos del cuerpo, a los embarazos y a la incomodidad de la menstruación. Era sinónimo de carecer de la posibilidad de conocer el placer del sexo con la misma libertad del varón. Durante siglos, ser mujer ha significado ser «solo» una mujer, por culpa de un cuerpo que nos ha convertido en esclavas del varón. En este supuesto, la liberación de las cadenas del cuerpo se convierte en un proyecto legítimo, cuando no necesario: si diferencia es sinónimo de desigualdad, y si esta tiene su origen en nuestro cuerpo de mujer, entonces no hay más salida que tratar de abolir las diferencias, sometiendo a control el funcionamiento del cuerpo, para doblegarlo a nuestra voluntad.

Este desarrollo del pensamiento pone en evidencia qué fácil es caer en las redes de la mentira, que no se construye tanto con la negación de una verdad, cuanto por un proceso de debilitamiento de los nexos lógicos, que desvincula los conceptos y altera las relaciones de causa y efecto entre fenómenos. En este caso, se yuxtaponen dos realidades, para que parezcan unidas por un nexo causal que, a primera vista, puede parecer totalmente lógico: el cuerpo *realmente* tiene leyes muy distintas en los dos sexos y la sociedad *realmente* ha castigado mucho a la mujer por su condición de madre. ¿Pero estamos seguros de que una cosa está subordinada a la otra de forma inevitable? ¿Estamos seguros de que este vínculo causa-efecto sea cierto y evidente? ¿No estará el problema (real e importante) más bien en que el ser humano todavía no ha sido capaz de organizar las relaciones y su propio sistema social de una forma que valore a la mujer en su diferencia y la salvaguarde en el tiempo precioso de sus maternidades, considerando a los hijos como un auténtico bien social, que interesa a todos tutelar?

La verdad biológica de la diferencia y la verdad social de una injusticia se sitúan en planos distintos. El modo en que la diferencia biológica se integra en la convivencia social no está predeterminado necesariamente, sino que va a depender del valor que el sistema social sea capaz de dar a esa misma diferencia y a sus implicaciones.

Si la maternidad es un evento de interés exclusivamente individual y que además penaliza gravemente a la mujer en comparación con el hombre, entonces, en nombre de la justicia, es obligatorio hacer cualquier esfuerzo necesario para doblegar a la naturaleza y liberar a la mujer de la esclavitud de su propio cuerpo. Así se podrá por fin conducirla a unas condiciones de verdadera igualdad con el hombre. Pero esto es hacerla ser como un hombre. Llevarla a ser un hombre.

Con todo, ¿es verdad que la maternidad solo afecta a la mujer?

¿Engendrar o reproducirse?

Las cuestiones de bioética ya están al orden del día, con una insistencia de noticias tan rápida que casi impide pensar. Entre ellas, las más numerosas son las referentes al nacimiento. Elijo algunas al azar.

25 de febrero de 2015: en Londres, la Cámara de los Lores aprueba la ley que permite la concepción en probeta de un niño con ADN de tres adultos. El procedimiento se introdujo con el pretexto de sustituir el ADN materno «defectuoso» por el de una mujer «donante» sin enfermedades genéticas. Pero pone bajo el amparo de la legitimidad legal el concepto de *designer baby*.

28 de febrero de 2015. *Avvenire* da una noticia estremecedora. «A los 13 años de edad, P. (niña india de una de las áreas rurales más pobres), que tiene actualmente 31 años, fue sometida a esclavitud y después obligada a acoger en su seno varios hijos, seis en total, de parejas que pagaban, unos niños que le iban a ser quitados tras un periodo de lactancia, habitualmente de seis meses».

1 de marzo de 2015. Un artículo titulado «Mi profesión es parir a tu hijo», en el *Corriere de la Sera*, hace referencia a los distintos modelos de la maternidad subrogada: junto al comercial (un hijo por dinero, pero sin reglas definidas) y al que

se define altruista (un hijo con una simple compensación de gastos), dos supuestos expertos proponen un tercer modelo, que definen profesional: tener hijos para otros como un simple trabajo, bien regulado por normas contractuales. Lo que más impresiona es el tono sobrio del artículo, que contiene algo especialmente surrealista y helador.

Podríamos seguir hasta el infinito con la misma sensación de desánimo, por todos nosotros y por los niños nacidos de esta forma, para responder a los más diversos requerimientos de los adultos. Se habla de necesidad de «tener un hijo», y se dice que nace del amor.

¿Pero qué es un hijo? ¿Qué hace de un niño que llega al mundo «un hijo»? ¿Es suficiente que nazca? ¿Es suficiente que, de forma natural o con ayuda de la técnica, se produzca un encuentro de células que se implanten?

La respuesta es negativa: no es suficiente, porque el fundamento de nuestra condición humana es el proceso que empieza en la Naturaleza, pasa por el lenguaje y el pensamiento, y ha llegado a lo largo de los siglos a la Cultura, en sus diferentes formas y expresiones. Ha generado los códigos simbólicos fundamentales de la familia humana. Padre, madre, hijo, son las tres palabras fundantes y universales en toda cultura.

Un niño, un cachorro de hombre, solo tiene pleno acceso al mundo humano por su *adopción como hijo*. Es el acto que le convierte en detentor de derechos, como el de ser amado y educado, y el de recibir de quien lo reconoce como Hijo su propia Herencia. Sin esta «adopción como hijo», sin alguien que sea para él Padre y Madre, el niño se quedaría profundamente solo, sujeto solamente a las leyes de la propia necesidad.

Es decir, nos convertimos en Hijos desde el momento en que alguien asume una responsabilidad definitiva hacia nosotros.

No se trata solo de una responsabilidad individual, sino de una cadena de responsabilidades: del padre hacia la mujer a la que ha hecho madre, y hacia el niño que nace; de la madre, hacia el hijo que ha parido y que necesita de ella para sobrevivir, pero también hacia el hombre que la ha hecho madre.

En esta cadena de relaciones, cada uno «responde» al otro y del otro, se hace cargo de él a lo largo del tiempo y construye un vínculo que pide ser estable para garantizar cuidado, protección, educación y desarrollo. Es este vínculo basado en la responsabilidad recíproca lo que de verdad engendra, lo que hace que un recién nacido sea humano y lo que le inserta, a su vez, en la cadena positiva de este «responder» y «responderse».

De este modo, ser engendrado es un acto exquisitamente humano. Es una cuestión de contenido simbólico muy elevado, bien distinta al simple hecho de nacer o «reproducirse», porque exige la disponibilidad para entrar en una dimensión relacional presidida por códigos simbólicos. Estos no solo hacen posible la dimensión afectiva, sino también la educativa y social.

Desde siempre, el encuentro con la propia mortalidad ha empujado al hombre a tratar de sobrevivir a sí mismo a través de los hijos. En este sentido, engendrar significa también aceptar el paso objetivo del tiempo, imaginar que los hijos van a tomar nuestro puesto, hacer las cuentas con el envejecimiento y con la muerte. Engendrar es saber que tendremos que pasar el testigo a nuestros hijos, y esto supone el abandono de las fantasías infantiles de omnipotencia: el sueño inconsciente de ser inmortales, de ser el centro del mundo, de derecho a un acceso ilimitado al cambio.

Reproducción, en cambio, es un término más biológico que humano. Se extiende bien a todas las técnicas que se emplean actualmente, cada vez que obligamos a la naturaleza a darnos *a cualquier coste* un niño. Reproducirse, con el uso del «se» reflexivo, expresa igualmente bien todas las implicaciones narcisistas subliminales a este modo de comprender el nacimiento de nuevos seres humanos.

Sería importante abrir una reflexión acerca del valor de la estabilidad, de la fidelidad, de la capacidad de proyectar. Son términos que hoy están fuertemente en desuso porque el imaginario los relaciona con una noción de límite y de esfuerzo que se ha vuelto inaceptable. Por el contrario, se trata de palabras importantes si queremos preparar un mundo hospitalario, capaz de acoger a nuevos «hijos».

Desafortunadamente, hoy parece más sencillo el abandono de la idea de «filiación» (que es un movimiento gratuito hacia el futuro), para volver la mirada hacia la idea del niño como plenitud de sí mismo y del propio proyecto de vida: un niño que debe responder a la necesidad que tiene el adulto de sentirse plenamente realizado. Se convierte, entonces, de alguna forma y, sobre todo, en una reproducción de sí mismo.

II.
¿EXISTE UNA ESPECIFICIDAD FEMENINA?

La complejidad femenina

Cada vez que lo pienso, me impresiona considerar que, en el desarrollo ordenado de su acto creador, Dios ha creado a la mujer en último lugar. Si en el orden de la creación han llegado a la vida primero las criaturas más sencillas, y solo poco a poco las más complejas, a veces me pregunto si al dejar a la mujer para el final Dios no habrá querido, por alguna razón, indicarnos que ha puesto en ella precisamente el máximo de complejidad.

La complejidad femenina resulta evidente desde la infancia, tanto que cualquier madre y cualquier padre reconocen que cuidar y educar a una hija exige estrategias y preocupaciones mucho más matizados y con frecuencia también más difíciles que ocuparse de un hijo varón. «Los varones son más simples que las niñas» es una frase que cualquier padre o madre (sobre todo las madres) ha dicho o ha pensado, por lo menos una vez.

Desde el cuerpo, la mujer se manifiesta como más compleja y misteriosa. En el hombre, el aparato genital es externo, fácil de ver y de conocer, a la vez que su funcionamiento es inmediatamente más intuitivo. Además, su función está unificada, por así decir: el órgano sexual está simultáneamente dotado de la capacidad de dar la vida y experimentar placer. Por eso, el acto sexual masculino está acompañado por la experiencia gratificante del orgasmo.

No sucede lo mismo en el caso de la mujer. Para ella, el acto sexual no está siempre necesariamente ligado a una experiencia de placer, y el aparato genital, situado en el interior del cuerpo, es complejo, misterioso, no se puede conocer de forma inmediata. Hay también una complejidad estructural ulterior: además de la apertura vaginal, destinada a acoger al hombre en el abrazo marital, las mujeres están dotadas de otro órgano sexual, el clítoris, situado precisamente en la entrada del aparato genital. Se trata de un órgano funcionalmente inútil, pero cuya característica específica es la gran reactividad a la experiencia del placer.

Por eso, como escribió Helene Deutsch, se puede decir que «el hombre puede remitir a un único órgano la totalidad de la función, mientras que la mujer está, por así decir, excesivamente dotada, y esta sobreabundancia es fuente de complicaciones» (Deutsch, vol. II, p. 80).

En cierto sentido, nosotras poseemos dos órganos sexuales, y, aun así, a pesar de eso, son muchas las mujeres que, aunque han traído hijos al mundo y aman a sus maridos, nunca han experimentado con ellos el placer bueno y unitivo que puede nacer de una sexualidad vivida en plenitud.

La función sexual y la función generativa en la mujer no se integran, entonces, de la misma forma espontánea y simple que se da en el hombre. Esta complejidad que nace del cuerpo se convierte en una dificultad nada infrecuente para integrar, también desde el punto de vista psicológico, la condición de mujer con la condición de madre. Por eso sucede que el deseo erótico y la función materna, que son las dos dimensiones principales de la feminidad, corren el riesgo de encontrarse peligrosamente separadas.

De este modo, la feminidad se manifiesta según dos modalidades diversas, contradictorias, y es fácil que entren en conflicto. Lo «materno» y lo «erótico» son expresiones de las dos almas de la mujer, que en cada una se expresan con intensidad diferente en los distintos momentos de la vida, según una lógica personal que deriva de la historia de cada mujer y su desarrollo. La prevalencia de un aspecto u otro depende de variables muy complejas y no está definida de una vez, sino que evoluciona continuamente en relación con una multiplicidad de eventos internos o externos.

Conviene aclarar que hablar de aspectos eróticos y maternos de la feminidad no significa hacer referencia simplemente por un lado a la sexualidad de la mujer y por otro a su capacidad de engendrar. Más bien, se trata de términos que se proponen englobar sintéticamente en una multiplicidad de características, positivas y negativas.

En la parte «erótica» quiero incluir todos los aspectos de la mujer relacionados con el deseo, la autonomía, el respeto a sí misma, o la capacidad de mantener una buena base narcisista. Esta dimensión (en sus matices positivos) incluye el deseo y la habilidad para ser bella, su poder de elegir por sí misma y de sacar adelante sus proyectos, su capacidad de revestir positivamente su cuerpo y su mente. Encierra el placer de cuidar de sí misma, pero también la capacidad de protegerse y establecer las justas distancias respecto a los demás, a fin de tutelar los espacios necesarios para el propio equilibrio. Por otra parte, en los matices negativos o no equilibrados de esta dimensión de la mujer, pueden encontrar espacio el egocentrismo, la vanidad o la autorreferencialidad infantil.

A la parte «materna» en positivo se refiere, en cambio, la capacidad de la mujer de aceptar y cuidar las relaciones, sin sentirse abrumada por los vínculos y por la generosidad que requieren. Aquí se incluye la capacidad femenina de cuidar de los demás, su sensibilidad ante la necesidad, la creatividad con que sabe nutrir con afecto a las personas que ama. Por el contrario, también en esta dimensión se encuentra el origen de esos aspectos destructivos que a veces están presentes en las mujeres, y que les llevan a tratar de tener bajo control a las personas que les están vinculadas, a negarles una verdadera libertad, someterlas a presión, induciendo a veces de manera disimulada pesados sentimientos de culpa.

Como se puede observar, ninguna de estas dos dimensiones de la feminidad es completamente positiva, ni suficiente en sí misma para dar plenitud a la mujer. Las dos son necesarias, pero el verdadero reto consiste en encontrar progresivamente una integración y un equilibrio entre ambas, ya que se trata de dos aspectos que solo dan lo mejor de sí cuando coexisten, de modo que cada uno modere los matices negativos del otro.

El recorrido no es fácil, porque las dos tendencias compiten claramente en la psique femenina. El origen de las diferentes fases del camino se encuentra en la infancia, para desglosarse después en el curso de toda la vida de la mujer, entre episodios alternos.

Fusionar ambos aspectos supone conseguir establecer una armonía entre la capacidad justa de tutela y de amor a sí misma con el desarrollo de competencias relacionales ricas, empáticas y generosas. El equilibrio entre el revestimiento narcisista y los revestimientos objetuales, que es tarea de cualquier ser humano maduro, exige a la mujer un recorrido específico y particular. Este no es fácil, pero aproximarse a él puede convertirnos en personas que saben estar bien consigo mismas y que proporcionan bienestar a aquellos que se les acercan.

La vida de las mujeres es un recorrido rico en contradicciones, en la búsqueda de la síntesis armónica entre los aspectos eróticos y los maternos: el hallazgo de esta armonía puede convertirse en el fruto maduro de una vida bien trabajada.

El descubrimiento del cuerpo

La psicoanalista de origen polaco Helene Deutsch, en su importante obra *La psicología de la mujer*, afirma: «La psique femenina contiene un elemento que le falta al hombre: el mundo psicológico de la maternidad» (Deutsch, vol. II, p. 23). Se trata de una afirmación fuerte, según la cual todas las mujeres, independientemente de la realización concreta de la maternidad e incluso de su deseo de ser madres, contienen en sí un «mundo psicológico materno» ineludible. La causa es la concreta y específica configuración anatómica de la mujer que, por el solo hecho de ser mujer, está dotada de un cuerpo pre-dispuesto a la acogida de otro dentro de sí: como hombre, al que acoge dentro de sí en el abrazo marital, o como hijo, al que hay que acoger, nutrir y hacer crecer dentro del propio cuerpo durante el embarazo. Debido a esto, la mujer percibe su espacio interior como un «espacio de acogida», un espacio cóncavo que, en cierto sentido, reclama ser colmado, y pide contener algo.

En este campo, la diferencia anatómica entre los sexos juega un papel clave desde los primeros años de vida, a partir del momento en que el niño y la niña, cuando han alcanzado la posición erguida y el dominio motriz, centran su atención en las diferencias sexuales. Se produce, aproximadamente, entre los 18 meses y los tres años.

Entonces, ante la mirada concreta y pragmática del niño se pone de manifiesto una evidencia indudable: el varón se encuentra con la posesión de un órgano genital bien visible, externo, con una reactividad clara a los estímulos de excitación. El niño se da cuenta de forma muy clara de que el pene es el órgano que recoge, concentra y sirve como salida de sus energías sexuales. La niña no tiene el mismo órgano y, para la mirada pragmática de la edad infantil, esto significa simplemente que la niña «no tiene», que le falta algo. Se hace consciente de ello, con algo de preocupación, el varón que la observa (Françoise Dolto habla a este propósito de la «inquietante desnudez de las niñas»). La niña adquiere conciencia de sí misma cuando se pregunta de forma más o menos consciente por los motivos de esta diferencia evidente, que percibe como injusta y castigadora.

Entre los tres y los cinco años, todos los niños tienen un interés fuerte en el cuerpo, sus funciones, las diferencias entre sexos, y las imaginaciones sobre el nacimiento. Las teorías infantiles sobre el embarazo y el parto son muy parecidas en todas las culturas, porque se relacionan con la forma de pensamiento del niño, para quien resulta completamente incomprensible el auténtico significado de la sexualidad adulta. Lo que el niño sabe y comprende del sexo, aunque los adultos le hablen de él, se limita a algunas constataciones simples, relacionadas con la modalidad concreta de su pensamiento: a las mamás les crece la barriga porque dentro hay un niño; el bebé solo puede haber entrado ahí por las aperturas que el niño conoce: la boca, el ano, el ombligo. Si el papá ha metido algo (la famosa semilla de la que hablan los adultos) solo puede haberlo hecho por ahí y habrá usado de algún modo su pene, que solo tienen los papás. Para que el bebé pueda salir, es probable que haya que abrir la barriga de la mamá, si no, tendrá que salir por la boca, el ano o el ombligo.

En este momento de su recorrido de observación y reflexión, el varón descubre que pertenece a la categoría masculina como papá, mientras la niña descubre que es una mujer como su mamá. Este descubrimiento y el modo como se elabora representan para ella un núcleo muy importante para su desarrollo posterior.

En efecto, para los ojos concretos de la niña, ser mujer como su mamá significa en primer lugar ser también «ausente» irremediablemente. Este descubrimiento incluye un sentimiento de desigualdad e injusticia, que lleva a la niña a observar con especial atención cómo percibe el ambiente esa feminidad a la que ella ha descubierto que pertenece. Le hace también muy sensible a esa percepción.

Cuando el ambiente de la niña no percibe la feminidad como una realidad bella e importante, o no le devuelve esa imagen, en la niña puede nacer una profunda sensación de incomodidad, unida a la percepción desagradable y mortificante de ser «solo» una chica. En este caso, se origina en ella la vivencia inconsciente de una falta irreparable, causa de vergüenza y sentimientos de inferioridad, alrededor de la que se puede estructurar una posición defensiva destinada a durar en el tiempo, y que deja una huella en la personalidad.

Para muchas mujeres, esta herida inconsciente se traduce en una especial dificultad y en incomodidad para aceptar, a partir de ese momento, todo lo que se refiere a la propia fragilidad o necesidad. Es como si tuviera que defender el núcleo más profundo de sí misma, manteniéndolo alejado de la mirada de los demás, porque lo percibe como irremediablemente herido y mortificado, y en consecuencia vulnerable y fuente de vergüenza.

Así, el descubrimiento de la diferencia sexual supone para la niña el descubrimiento de que la feminidad, que la hace igual a su madre, implica una falta. Al principio, conlleva una disminución de la imagen de la madre, pero también un sentimiento de hostilidad hacia ella, por haberla hecho igual.

No obstante, al mismo tiempo, las exploraciones infantiles llevan a los niños a encontrarse con otro tipo de evidencia: y es que la madre es la única que tiene seno y que puede llevar niños en la barriga, hacer que nazcan, y darles la leche.

El descubrimiento de la posibilidad que tiene la madre de «tener niños», llevándolos dentro de sí, es fuente de un interés muy fuerte de los varones y de las niñas; pero especialmente para las niñas, que están heridas por el tema de la ausencia. Este hallazgo abre nuevas posibilidades de identificación y activa una atención especial, no solo hacia el interior del cuerpo de la madre sino también hacia el propio. Así, la herida narcisista ligada a la sensación de ser incompleta encuentra una vía de escape en la idea del embarazo: aunque no tenga un pene, como su mamá, precisamente como la mamá también ella de mayor podrá tener niños dentro. Es decir, podrá ser importante, porque sabrá hacer a los niños.

La niña no logra hacerse una imagen de sus órganos sexuales, que no puede ver. Debe hacer frente a un mundo secreto que solo se percibe vagamente, en el que estos órganos son inaccesibles durante mucho tiempo a la experiencia directa. Los niños están «dentro» de la mamá y ella, que es como su mamá, algún día podrá tener niños dentro; pero a este «dentro» solo puede dirigir imaginaciones imprecisas, ya que se trata de un lugar que permanece en el misterio y es poco comprensible para su pensamiento concreto.

En todo caso, el interés de la niña hacia lo que está «dentro» pasa a ser desde este momento muy alto, y va acompañado de sentimientos y sensaciones que muchas veces son intensos y nada fáciles de definir. Alrededor de este interés y estas sensaciones se desarrolla, como tema central, el fantasma del hijo, que tiene una importancia grande en la vida psíquica de toda mujer.

Naturalmente todo lo que he descrito es el esquema de un recorrido complejo, que se hace personal por el entrelazamiento de numerosas variables externas e internas, que hacen diferente la historia de cada mujer. La imagen de sí misma que construye cada niña se apoya, en realidad, en los numerosos mensajes explícitos e implícitos que emite el entorno, el familiar en primer lugar. Por eso es importante que la niña viva en un ambiente donde la madre tenga autoestima como mujer y reciba la estima de su marido, también como mujer. En estas condiciones será más fácil para la niña que está creciendo encontrar apoyo en la percepción de un yo-femenino positivo.

A pesar de esto, las características específicas del pensamiento infantil hacen que para la niña sea inevitable la percepción ambivalente de una falta y de una potencialidad, ambas ligadas al cuerpo. Estos dos elementos, con sus contradicciones intrínsecas, constituyen la base de partida de la compleja identidad femenina: a partir de allí se construyen itinerarios evolutivos que también podrán ser muy diferentes.

La autoestima

Carla tiene 32 años; está separada desde hace poco, tras un matrimonio muy breve del que no han nacido hijos. Vive sola y es veterinaria.

Carla siempre llega a la sesión vestida de la misma forma: arreglada, pero poco personal y no muy cuidada. Es ella quien me cuenta que se siente muy a disgusto cuando se ocupa de su aspecto: su pelo no conoce al peluquero y todo su armario, según me dice, es fruto de regalos, primero de su madre y después de su marido, en el tiempo que duró su matrimonio. Gastar dinero en sí misma le parece un derroche y, por otra parte, ir de tiendas no le divierte; al contrario, hace que se sienta estúpida e incapaz, porque nunca llega a decidir qué comprar, qué le gusta y qué le queda bien. Decidir qué le gusta es un verdadero problema en muchos campos de su vida: cuando alguien le invita a comer fuera, por ejemplo, nunca logra elegir en primer lugar y prefiere adaptarse a las elecciones de los demás, o pedir siempre lo mismo. Según sus propias palabras, frecuentemente se siente «gris por dentro».

Francesca, de 23 años, es estudiante de derecho.

Aunque está terminando el tercer curso y con resultados totalmente positivos, no está en absoluto segura de su elección: ha empezado la universidad sin verdadera convicción y ha elegido Derecho porque es lo que todos esperaban. Desde niña ha dicho que iba a ser abogada como su padre y su abuelo, y todos están convencidos de que esta es su vocación. Por lo demás, no se siente atraída por ninguna otra facultad, no hay nada que ella sienta como realmente «suyo». Así que sigue sin entusiasmo, pero no hace más que enfrentarse con sus amigas, porque todas le parecen capaces de decidir, parecen saber lo que quieren en la vida. Ella, en cambio, se siente como sorda, gris, sin una verdadera identidad.

Laura es una profesional de 37 años, está casada y tiene dos hijos. Viene a verme con su marido, porque su relación está en crisis. En una conversación individual, Laura me confía que no le llega con su marido: sigue sintiendo la necesidad de verse cortejada por los hombres, y no es capaz de renunciar, como dice, a sus «mimos», porque son lo que le hace sentirse viva. A pesar del trabajo, los hijos y su marido, Laura se siente incompleta, siempre está buscando algo que no logra definir. Está inquieta y descontenta consigo misma, y hasta su modo de hablar resulta vago y alusivo. Solo después de muchas preguntas concretas consigo entender que, cuando habla de mimos, se refiere en realidad a relaciones sexuales completas, vividas como momentos de valoración de un yo muy frágil.

El denominador común a estas historias tan distintas es la dificultad que tienen estas tres mujeres para sentirse a gusto consigo mismas: ninguna parece ser capaz de estar tranquila dentro de sí y ponerse de su propia parte. Todas buscan esforzadamente en los demás la respuesta a los interrogantes que les conciernen. En sus discursos se repiten palabras como «tonalidades de gris», «opacidad», «sensación de no estar en contacto consigo misma». A todas les cuesta mucho saber lo que desean de verdad y eso se proyecta en un profundo descontento, hasta en las decisiones en apariencia más simples. Se podría decir que todavía no han llegado al buen sentido de su propia identidad, que corresponde a la percepción de ser una persona entera situada entre otras personas enteras, cada una con su propio límite y su propio valor.

Para tomar nuestras decisiones necesitamos partir de un centro de gravedad: elegir no es nunca del todo simple, porque cada decisión exige también una renuncia. Esto requiere aprender a tener un punto de vista propio, pero también saber que se trata, precisamente, de un punto de vista entre muchos posibles.

Solo a partir de un Yo bien delimitado son posibles cosas como elegir sin demasiados problemas, un vestido o un arreglo, pero también cosas más complicadas como la orientación hacia las metas profesionales y afectivas, teniendo en cuenta tanto la realidad como nuestros deseos. Necesitamos encontrar el suficiente equilibrio narcisista, que nos permita dar valor a nuestra persona y justificar nuestras decisiones, acogiendo simultáneamente las aportaciones de los demás.

Pero ¿qué itinerario se ha de seguir?

El sentido de valoración del Yo se construye a través de diferentes fases; depende de lo que recibimos (o no) en la infancia, de cómo reconstruimos (o no) los contenidos psíquicos en la adolescencia, y de cómo seamos capaces, en la edad adulta, de medicar y volver a equilibrar aquello que haya faltado. También de enriquecernos con las nuevas aportaciones que la vida siempre pone a disposición de todos.

Hay etapas en la historia de cada persona, que marcan la imagen y la percepción que cada uno tiene de sí. Es una historia que empieza antes de nuestro nacimiento, porque arraiga en el deseo de nuestros padres y, por tanto, en la acogida o rechazo que ha sellado nuestra llegada al mundo.

Cada etapa funciona como un escalón en el que se apoya el escalón siguiente. No existe un recorrido perfecto, porque en cada historia encontramos pasos sólidos y otros más frágiles.

El sentido primario de nuestro valor tiene su fundamento, en primer lugar, en un don totalmente gratuito y por eso fortuito. Consiste en ser acogidos favorablemente en el momento de nuestro nacimiento, y ser después amados y cuidados en el curso de la infancia. Forma parte de este don el ser reconocidos como hijos, pero también el ser valorados en cuanto al propio sexo. Para la niña, el orgullo de pertenecer a la feminidad depende mucho de la mirada y de las palabras, también explícitas, de aprobación y de reconocimiento afectuoso por parte de sus progenitores, especialmente del padre.

Todas las mujeres con poca autoestima relatan historias de las que se deduce una relación difícil o insatisfactoria con su padre: hablan de un papá ausente, incapaz de gestos afectuosos, a veces abiertamente despectivo. En todo caso, es un padre privado de aquella mirada que hace que la niña se sienta apreciada y reconocida en la especificidad de su condición femenina. Muchas mujeres hablan también de padres poco respetuosos con su madre, que provocan en ellas un recuerdo ligado a la mortificación de la feminidad.

Pero en todas las historias más difíciles, junto a un padre inconsistente o despectivo he encontrado también madres silenciosas. Son madres que, aunque probablemente quisieran a sus hijas, no han sido capaces de compartir con ellas las palabras necesarias para construir positivamente su identidad femenina: palabras que les definieran como iguales a ella, que les ayudasen a dar un nombre al propio sexo, que transmitieran el placer, pero también el orgullo de compartir la feminidad. Palabras que, en caso necesario, supieran también mediar en una relación difícil con el padre.

Un padre que «no ve» y una madre que «no habla» marcan de varias formas la infancia de aquellas niñas que, cuando son adultas, tienen dificultad para verse, decirse, definirse.

Con todo, nuestra historia no termina con la infancia. A partir de lo que hayamos (o no hayamos) recibido en esa primera etapa, en la adolescencia sigue la construcción del Yo, que se apoya en nuevos recursos. Surge una capacidad de pensamiento más amplia, que puede extenderse a puntos de vista inéditos y que permite al adolescente reflexionar sobre sí mismo; a su vez, con esto puede elaborar su propia imagen e incluir en ella también los nuevos *input* que llegan desde un mundo cada vez más amplio de relaciones significativas. La tarea evolutiva específica de la adolescencia es precisamente construir la propia identidad, a partir de las novedades que representan el desarrollo corporal y los nuevos pensamientos, experiencias y relaciones que permite el crecimiento.

Lo que sucede en la adolescencia no se añade sin más a lo sucedido en la edad infantil, sino que puede producirse una profunda remodelación estructural. Esta incluye la posibilidad de modificar la percepción infantil de sí mismo. A esta edad, sobre todo las chicas, se adquieren también importantes capacidades de autorreflexión, que permiten elaborar las nuevas experiencias para transformarlas en informaciones sobre el Yo.

Después de los años relativamente tranquilos de la segunda infancia, con la llegada del primer flujo menstrual, el cuerpo de la chica cambia rápidamente, y se transforma en un cuerpo femenino y sexuado. Hacer frente a esta nueva situación no siempre es fácil: si en la primera infancia la niña se ha sentido poco valorada en su feminidad, la llegada del ciclo menstrual puede volver a activar en ella sensaciones de vergüenza e insuficiencia. Pero también cuando se ha producido del mejor modo, la manifestación clara de la feminidad conlleva un aumento de la vulnerabilidad y se acompaña de una nueva necesidad de confirmaciones.

Adquiere un peso decisivo la posibilidad de conocer otras figuras femeninas y construir redes de amistad entre coetáneas. La confidencia con las amigas, la comparación de experiencias, emociones e imaginaciones, constituyen un laboratorio precioso, una forja de ideas en la que se aprende a entender quiénes somos y qué queremos, más allá de lo que han transmitido los padres y de lo que pensamos que quieren para nosotros.

También el adolescente trata de entender quién es y lo que vale, por medio del modo en que le mira el mundo. Pero ahora el «mundo» está formado principalmente por el grupo de sus contemporáneos. En ellos busca protección y reflejo identitario simultáneamente.

El adolescente se siente muy expuesto a la mirada del grupo. Esto vale sobre todo para las chicas, que desde siempre son muy sensibles a la mirada de los demás: las formas del cuerpo que cambia, el arreglo, el peinado, se convierten en objeto de atenciones minuciosas y muchas veces preocupadas, en las que cada detalle se vuelve muy importante. Ser vistas y mimetizarse, sentirse ellas mismas, pero a la vez pertenecer al grupo, ser aceptadas y encontrar su lugar, son preocupaciones cruciales a esta edad y se viven con gran intensidad emotiva.

También el éxito y el fracaso objetivos (por ejemplo, los unidos al resultado escolar o deportivo) se valoran en función de la respuesta y el agrado que se nota en el ambiente de los iguales. Aquello que los adultos consideran importante no constituye necesariamente una prioridad para el adolescente, que puede llegar a disfrazar sus capacidades cuando el ambiente no está en condiciones de apreciarlas.

Por todas estas razones, la adolescencia no es una edad simple: la búsqueda del propio yo es apasionante, pero muchas veces puede llevar de la mano sentimientos de gran soledad. En realidad, se produce un «trabajo» mental complicado, en el que cada uno tiene que realizar continuos ajustes de su propia imagen. Tiene en cuenta, por un lado, las características que va descubriendo en sí, y por otro, las expectativas que percibe en su entorno vital. El adolescente se encuentra con frecuencia presionado entre el riesgo de quedarse solo y el de verse aplastado y homologado por el grupo. Esto le hace renunciar a desarrollar y expresar no solo sus dotes personales, sino también el mundo en construcción de sus deseos. Gustar al grupo se puede convertir en una obligación gravosa, que fija al adolescente en papeles rígidos e imágenes de sí poco matizadas.

Entre las expectativas más importantes a partir de esta edad ocupa un lugar central el rol sexual, que se va definiendo progresivamente.

¿Qué significa ser varón o mujer? ¿Qué comportamientos se esperan socialmente? ¿Qué expectativas se hace un sexo respecto al otro?

La respuesta a estas y a otras preguntas siempre está fuertemente condicionada por el contexto cultural y de valores en el que vive cada persona.

El cuerpo de las mujeres

Hay en YouTube un documental que merece la pena ver: *El cuerpo de las mujeres*, de Lorella Zanardi.

En poco más de veinte minutos, muestra una sucesión desalmada de imágenes de mujeres, tomadas de algunos espectáculos televisivos de mayor difusión. Tal y como están yuxtapuestas, comunican de forma fuertemente impactante la realidad de un cuadro desalentador y realmente envilecedor: rostros contraídos, senos inflados, glúteos en primer plano. Es una exhibición de cuerpos que se contonean, hacen guiños, se ofrecen con aire complaciente, entre las risotadas del público y de los presentadores.

Esta es la representación de la mujer que se hace en el medio televisivo, y hemos terminado por aceptarla o padecerla

44

casi sin ni darnos cuenta. Son imágenes de degradación y humillación del cuerpo femenino, que se presenta como puro objeto erótico. Presentan una mujer que parece salir al encuentro del imaginario masculino más burdo, mientras renuncia a posicionarse como «la otra», distinta del hombre, portadora de sus propios deseos y capaz de establecer con él una relación de reciprocidad.

Pero las imágenes televisivas retratan un clima cultural: representan el efecto de un modo de sentir difundido, a la vez que contribuyen a difundirlo y lo hacen habitual. Nuestras hijas crecen en este clima. Desde muy pequeñas están sometidas a una presión constante, que pretende dar un peso desproporcionado a todo lo que sea imagen, y a relacionar la idea del éxito femenino con su capacidad seductora y erótica. Gustar al varón es una obligación, y el camino más simple es el sexo.

Cuando se manifiesta la preadolescencia, mujeres y varones ya están muy condicionados por este modo de presentar el cuerpo, el sexo y las relaciones. El despertar de la pubertad, que actúa con fuerza en ellos, se produce en medio de este clima.

Hemos visto que en la primera adolescencia se manifiestan de forma característica una fuerte inseguridad en uno mismo y un gran sentimiento de vulnerabilidad. El deseo de gustar y de sentirse vista, apreciada y reconocida tienen un peso central para la chiquilla que se asoma a la vida en busca de su propia identidad.

Ante la experiencia del cuerpo que se desarrolla y la transforma en mujer, el inconsciente remite a las antiguas vivencias de la primera infancia. Es allí, de hecho, donde se encuentra la primera imagen de nosotros mismos como seres sexuados y en relación con los demás: el padre y la madre son el modelo primario de masculinidad y feminidad; son también la experiencia de la primera pareja, del primer encuentro, de la primera exclusión.

En continuidad con lo que ha sido (o no ha sido) la mirada del padre, el inconsciente empuja a la chica que crece a buscar otra vez una mirada masculina que la vea y la valore, esta vez prefiriéndola a la madre.

La joven se vuelve por eso al hombre, queriendo ser vista por él para «ajustar» su propia imagen a su mirada. Realmente necesita que el varón despierte en ella su parte femenina/erótica y que le dé por fin su pleno significado. Necesita entender si y cómo puede suscitar el deseo masculino, si y cómo establecer una relación con el hombre: qué ha de esperar de él, y qué espera él de ella. Esta pregunta decisiva no es neutra, porque a ella hacen referencia todos los significados simbólicos y culturales que cada época da a la masculinidad, a la feminidad y a la relación entre ambas. En el punto exacto donde se presenta esta pregunta es donde las jóvenes (y en paralelo los jóvenes) encuentran hoy el mundo al que se refiere el vídeo sobre el cuerpo de las mujeres que se ha mencionado antes.

El mundo adulto empuja hoy en día a una precocidad acelerada de la experiencia sexual, reducida a una simple experiencia fisiológica. Cubiertos por la indiferencia, cuando no por el consenso, de los adultos, cada vez es más frecuente que los chicos jóvenes sean inducidos a considerar totalmente legítimo pedir a sus compañeras la satisfacción de sus pulsiones sexuales emergentes, al margen de cualquier valoración simbólica y afectiva de la sexualidad, de una forma puramente lúdica. Actualmente son muchos los que consideran una pretensión casi antinatural que el hombre tenga capacidad de controlar el impulso sexual y someterlo a la valoración de una decisión responsable.

Con frecuencia creciente, las chicas, a su vez, conceden el sexo, porque ya lo consideran un modo «natural» para obtener a cambio la consideración del varón y la sensación de ser importantes para él, y quizá también para ser un poco amadas. El deseo sexual del hombre hacia ellas es vivido como una confirmación del propio potencial seductor y, junto a eso, como un punto débil en el que apoyarse para obtener un puesto central en su vida. Muchas veces, el encuentro sexual se produce de un modo que no supone ningún placer para la chica desde el punto de vista físico, como sucede en el fenómeno, cada vez más difundido, del sexo oral entre adolescentes. Este satisface el placer masculino sin riesgo secundario alguno de embarazo y con la ilusión de evitar enfermedades de transmisión sexual. Lo único que saca una chica es la ilusión de una valoración narcisista, por lo demás muchas veces de breve duración, porque también con mucha frecuencia tiene la experiencia de que los chicos hacen frecuentemente promesas de amor a cambio de sexo.

Al contrario de lo que piensan muchos adultos, los resultados muestran que la excesiva libertad sexual no es la mejor solución a la rigidez anterior. Este tipo de experiencias castiga sobre todo a las chicas, que suelen ser percibidas como objetos por parte del varón y ven mortificado su desarrollo afectivo y sexual.

Pero este tipo de planteamiento también tiene consecuencias negativas para el desarrollo futuro de los varones, sobre todo en sus capacidades afectivas y relacionales. En efecto, considerar a las chicas principalmente como objetos sexuales limita gravemente sus posibilidades de captar en plenitud el sentido y el valor de la realidad femenina, y de comprender la verdadera aportación que puede dar la mujer a la vida de un hombre.

El problema es grande, entonces, para los dos sexos, que parecen destinados a permanecer más alejados que nunca.

En la etapa de la adolescencia, varones y mujeres tendrían que aprender a conocerse con calma, y a «tomarse las medidas» unos a otros, en un contexto simultáneamente libre y protegido. Libres de intrusiones y del control excesivo del mundo adulto, pero a la vez protegidos por el hecho de que los propios adultos definen límites claros a lo que se consiente y a lo que no, sabiendo que no todas las experiencias son útiles para un buen crecimiento. La transgresión, ciertamente, forma parte integrante e inevitable de cualquier proceso de crecimiento, pero necesita que haya un juego concreto entre las partes del adolescente y del adulto, para que pueda contenerse en límites no destructivos.

Las palabras de la adolescencia tendrían que hacer referencia, en primer lugar, a la potencialidad: verbos como imaginar, soñar, proyectar, hablar, debatir o encontrarse. La mente de los adolescentes es especialmente abierta precisamente a estos espacios creativos de pensamiento. Para vivir en plenitud la experiencia del sexo, también es necesario ampliar los espacios de simbolización, aquellos en los que la mente aprende a dar significado a las cosas y a ampliar su sentido. Es necesario desarrollar los espacios del deseo sin consumarlo inmediatamente, porque la prisa lo empobrece.

Las chicas necesitan aprender a creer en su proprio valor personal, que no necesita la confirmación de una improbable «prueba de amor». También necesitan saber que pueden esperar tranquilamente, sin sentirse perdidas. Los chicos necesitan aprender que el sexo no es un simple desahogo pulsional, sino que se puede poner al servicio de la propia capacidad de amar. Los dos necesitan aprender que el motor del sexo, potente y muy bello, se puede convertir en una realidad que les acerca y les une, en vez de separarles.

Erotismo y maternidad

Nunca ha sido fácil integrar la sexualidad y la maternidad en la feminidad. Comprender la coexistencia originaria y estructural de estos dos aspectos exige trazar un itinerario, tanto en el varón como en la mujer.

Para el varón, resulta difícil comprender cómo tratar a una feminidad completa, porque su primer contacto con la mujer es el que tiene con su madre, revestida con todas las energías afectivas y eróticas de la infancia. En el paso de la infancia a la adolescencia, cuando con la pubertad se despierta el instinto sexual, empieza a dirigir su atención a la mujer de un modo nuevo. El joven tiene que distinguir necesariamente, en su propia percepción, la dimensión maternal de la erótica, para poder revestir al cuerpo femenino de valores sexuales sin temor a que adquiera matices incestuosos. Por eso trata de mantener en su interior dos imágenes separadas de la feminidad: por un lado, la que se refiere a la madre, que tiene que ser vivida como asexuada, acogedora y no judicativa; por otro, la de mujer, sujeto nuevo y misterioso, portadora de características sexuales que le atraen y le preocupan simultáneamente, ante quien se siente expuesto y vulnerable porque no conoce su pensamiento y teme su juicio.

Superar esta escisión para acceder a la relación real con la mujer es resultado de un recorrido a veces accidentado y no siempre completamente logrado. La insuficiente enajenación afectiva de la madre puede hacer difícil que el hombre ame sexualmente a su mujer cuando la vive como excesivamente maternal. La falta de integración interior de la imagen femenina puede dar origen, entre otras cosas, a la dificultad que encuentran algunos hombres para sentir atracción sexual hacia su mujer cuando esta se vuelve madre. Es lo que sucede, por ejemplo, en el fenómeno inquietante y doloroso de las traiciones masculinas durante el embarazo de la mujer a la que han hecho madre.

Pero las cosas tampoco son fáciles para la mujer: como ya hemos dicho, y como retomaremos después, la niña necesita de su madre para descubrirse capaz de maternidad; pero también necesita la mirada masculina, para descubrir y despertar su potencial erótico.

La mujer ignora la presencia *constitutiva* en ella de ambas fuerzas. Debe descubrirla sobre la marcha, tratando de dar a cada una el espacio que le corresponde.

Esta dificultad que encuentran tanto el hombre como la mujer para comprender la naturaleza de la feminidad, en el plano social se traduce en una constante separación entre lo materno y lo erótico, que varía según contextos y épocas históricas.

Hasta un pasado bastante reciente, la separación entre sexo y maternidad privilegiaba la dimensión materna de la mujer elegida como compañera de vida. Su componente erótica y sexual era relegado a aspectos marginales. El hombre (y frecuentemente la mujer con él) pensaba en la sexualidad como una necesidad masculina que satisfacer, más que como una experiencia significativa que compartir. El placer sexual de la mujer era considerado como fruto accidental de un acto encaminado a la procreación.

A pesar de las apariencias, hoy en día las cosas no están más equilibradas, aunque hayan cambiado de signo. Si antes la sexualidad femenina era poco tenida en cuenta, ahora es la componente materna de la mujer la que se envilece. Si antes el placer sexual se consideraba como consecuencia accidental del deber de engendrar, hoy es frecuente considerar a la maternidad como consecuencia accidental del placer sexual.

En los últimos decenios, la evolución de las costumbres ha llevado a separar de forma cada vez más intencional el concepto del sexo como placer/relación de la noción del sexo como potencialidad generativa. De este modo, ambas manifestaciones de la sexualidad humana se contraponen fuertemente en la vida de hombres y mujeres. Por lo que se refiere a la mujer, la relación estructural y, en consecuencia, constitutiva, entre los aspectos eróticos y los maternos, se ha eliminado progresivamente tanto de la conciencia personal como de la social. Hemos incorporado el mensaje de que la sexualidad femenina, para ser vivida con verdadera libertad, *debe* liberarse de cualquier carga generativa.

De este modo, la pareja conoce dos modalidades sexuales distintas. Una tiene el placer como fin, y se protege con anticonceptivos porque es explícitamente no generativa. La otra se encamina de modo explícito a la procreación, por lo que suspende voluntariamente el uso de anticonceptivos y convierte en fin la obtención de la fecundación según los tiempos deseados. En cualquier caso, sexualidad y maternidad quedan más separadas que nunca, tanto desde el punto de vista de la proyección como desde la modalidad de la relación sexual.

El problema es que las dos polaridades, erótica y materna, se encuentran presentes en la mujer. Esta lucha constantemente entre la necesidad profunda de afirmarse a sí misma y la de superarse, para concentrarse en las personas a las que ama y que le necesitan. La mujer debe encontrar un equilibrio entre ambas polaridades, porque tanto una como otra son insuficientes, por sí solas, para definir una personalidad bien formada. El desarrollo unilateral de una en detrimento de la otra conlleva el riesgo de volverse, además, dañino para ella y para sus relaciones.

Esto es verdad, tanto para la relación de pareja como para la relación con los hijos.

La mujer que tiene poco contacto con sus aspectos maternos corre el riesgo de vivir las relaciones bajo la sola guía de la utilidad: en la pareja, esto se traduce con frecuencia en una actitud egocéntrica, donde falta paciencia y capacidad de perdonar. La exigencia, la impaciencia y el utilitarismo son riesgos de la personalidad femenina cuando los aspectos narcisistas no están equilibrados con los aspectos maternales sanos. Por lo que se refiere a la expresión de la sexualidad, la ausencia de ternura, que es una manifestación específica de la maternidad, pone a la mujer en actitud de juez, poco acogedora para con el hombre.

Por otra parte, un excesivo espíritu maternal influye negativamente en la sexualidad de la pareja, porque la mujer demasiado materna convierte al hombre en un hijo y lo infantiliza.

El varón tiene una relación más directa y simple con su sexualidad, pero al mismo tiempo la suya es una sexualidad más expuesta y, por eso, más vulnerable.

En este aspecto se presenta una mayor fragilidad narcisista en el hombre que en la mujer. Para ella, el cuerpo entero se reviste en el plano narcisista; pero para el varón el sentido primario de su valor/desvalor está fuertemente ligado al binomio potencia/impotencia. A este propósito escribe Françoise Dolto: «El chico, además conservarse y defenderse a sí mismo, y al cuerpo cuya integridad tiene que mantener, también debe conservar y defender sus bienes descubiertos, que son los más importantes, el pene y los testículos. Además, tiene que proteger, defender y honrar los compromisos que ha asumido... El chico debe negarse a regresar a la madre, aunque muchas veces sienta la tentación...» (Dolto, p. 120).

Esta vulnerabilidad puede empujarle a poner en marcha defensas más o menos rígidas hacia la mujer, relacionadas con su propia historia, pero también con el sentido de peligro que puede percibir. Por este motivo, el aumento de agresividad en las mujeres y sus exigencias hacia la sexualidad masculina, que quieren sea siempre altamente satisfactoria, producen en el aspecto personal y social una variante de la masculinidad que se vuelve más arrogante. Surgen entonces ese aumento de la competitividad y esa creciente enemistad entre los sexos de la que hoy somos espectadores.

De nuevo, solo la integración del aspecto erótico con el materno permite que la mujer intuya en el hombre esta conjugación compleja de fuerza y vulnerabilidad. Solo este reconocimiento pone al hombre en condiciones de exponerse a ella, sin el temor inconsciente de verse atacado o ridiculizado. Esta actitud de la feminidad obtiene del hombre, como respuesta, la fuerza que deriva de su alteridad.

A este propósito, Helene Deutsch escribe en su libro sobre psicología femenina: «Cuanto más completa conserva una mujer su sexualidad, con mayor facilidad se adapta a un hombre» (Deutsch, vol. I, p. 129).

Se trata de una afirmación, a primera vista, realmente sorprendente: la palabra «adaptarse» tiene hoy una resonancia más bien desagradable, que encaja poco con el concepto que podemos tener de una mujer segura, autoafirmativa, dotada de personalidad. Adaptarse a un hombre significa ser maleable, capaz de salir a su encuentro, a veces hasta ceder. Supone saber cómo tomarle, evitar desafiarle, saber esperar. En realidad, ¿es posible que esta forma de actuar no sea signo de una servidumbre antigua y anacrónica?

La frase de Deutsch responde a un dato de experiencia: cada uno de nosotros ha tenido ocasión de conocer a mujeres seguras y flexibles simultáneamente, capaces de sostener con tranquilidad y alegría a su familia, su trabajo, el complejo mundo de sus relaciones.

Comprobamos que su fuerza consiste muchas veces en una inteligente capacidad de adaptación: están tan seguras de sí mismas que se pueden permitir amar al hombre que han elegido por lo que es, aún en su imperfección. Saben estar cercanas a él y valorarlo, saben dar la dimensión justa a sus defectos, y reconocer positivamente su contribución a sus vidas. No tiene esto nada que ver con la feminidad que desafía al varón con sus propias armas, o que intenta dominarlo mediante el sexo. Pero tampoco se parece a esas mujeres que se someten de forma sacrificial o, al contrario, que humillan al hombre criticándolo y corrigiéndolo continuamente como si fuese un niño. La mujer que sabe estar tranquilamente en su lugar respeta al hombre, y le permite expresar con libertad sus aspectos masculinos.

Una mujer así es buena compañera para el hombre, porque es capaz de identificarse con él sin perderse a sí misma. Es una buena madre, porque deja que él sea padre. Es una buena amante, porque es capaz de dar y recibir.

En una mujer así, las dos almas de la feminidad, la erótica y la materna, encuentran el espacio necesario y se alían de forma creativa. Esto les permite reconocer el valor de la alteridad masculina y, en consecuencia, pueden respetarla y apreciarla.

III.
LA DESAPARICIÓN DE LAS MADRES

Desde hace algunos años, se encuentra en curso un encendido debate sobre la desaparición del padre. El pionero en abrir y desarrollar el tema en Italia ha sido Claudio Risé, con sus numerosas publicaciones.

Creo que ha llegado el momento de hablar del peligro, quizá aún más grave, de la desaparición de las madres en la sociedad occidental. Es necesario, reflexionar atentamente no solo sobre la evidente caída de la natalidad, a la vista de todos, sino también, y tal vez principalmente, sobre el progresivo desconocimiento de lo que *es* una madre, del significado y del valor específicos de la maternidad.

Al hablar de la madre y de la maternidad, no pretendo referirme a algo que esté vivo y operante de modo automático en todas las mujeres. Deseo, en cambio, reflexionar sobre un potencial arquetipo, presente en el inconsciente femenino, a la espera de ser activado por cada mujer singular, con el fin de liberar las energías vitales que encierra.

No todas las mujeres son conscientes de esta riqueza potencial latente en ellas. Por el contrario, muchas tienen miedo de aplicarse a sí mismas la palabra «madre», como si se tratara de un término sustractor, encarcelador y peligroso.

En cambio, el arquetipo materno es poderoso y muy rico. Como se ha visto ya, está vinculado a lo femenino a partir del cuerpo mismo de la mujer. Esta imagen inconsciente actúa en cada una de nosotras, que podemos ser más o menos conscientes. Encierra aspectos importantes de nuestro modo de ser, a veces contradictorios, que vale la pena conocer.

La progresiva desaparición de lo maternal lleva consigo la desaparición de la actitud concreta hacia la realidad humana que comporta la buena cultura materna. Es una actitud de acogida, compasión, de atención a la necesidad, de protección y cuidado. Su desaparición arrastra aquella dramática disminución del valor de la vida y de la persona, que está a la vista de todos nosotros.

A nivel cultural, el dato biológico de la diferencia sexual ha dado lugar a dos códigos simbólicos fundamentales, comunes a todas las culturas humanas y a su vez irreducibles: el código del Padre y el código de la Madre.

Es muy importante entender que hablar de padre y de madre no equivale a hablar de mamá o papá. En realidad, mamá y papá son palabras ligadas a un deber, a un rol, a una función.

Madre y padre, en cambio, son palabras de alto contenido simbólico. No solo concretan una función o rol, sino que también sirven para definir dos figuras identitarias, portadoras de valores diferentes. Por eso son palabras que no se pueden homologar, ni mucho menos sustituir una por otra.

Paternidad y maternidad representan el cumplimiento maduro de la identidad sexual y personal, masculina y femenina. Incluyen una consciencia cada vez más profunda de la diferencia y de la especificidad, pero también de la limitación y la recíproca complementariedad.

Ningún hombre podrá jamás ser madre o convertirse en madre, aunque esté en condición (al igual que una mamá) de desempeñar un papel afectivo cálido y acogedor. Del mismo modo, ninguna mujer podrá jamás convertirse en padre.

Aunque, por necesidad o decisión, es posible que uno u otra tengan que desempeñar la función del otro.

Por esto es importante insistir una y otra vez en que cada cachorro humano necesita tanto de un padre como de una madre. Para el buen crecimiento son necesarios adultos dispuestos a madurar en la conciencia del deber específico de su propio código, aquel del que son portadores potenciales en base a su sexo.

Paternidad y maternidad son modos de ser que requieren un aprendizaje a lo largo del tiempo. Sin duda, podemos decir que el nacimiento de un niño nos hace de pronto una mamá y un papá. Pero también que ese deber que encontramos y tenemos que desempeñar, nos llama a desarrollar las capacidades para convertirnos (y, en consecuencia, ser) en un padre y una madre.

La existencia misma del niño nos empuja en esta dirección: su condición inerme, necesitado de todo, el haber sido confiado a nuestra responsabilidad para crecer y conocer, a sí mismo y la vida.

En este apasionante desafío, el hombre y la mujer, papá y mamá, están llamados a desarrollar competencias distintas y complementarias. No son casuales, sino que presentan una lógica propia y definida, que tiene su origen en el modo en el que los dos sexos están implicados en la función generativa.

Pero ¿cuáles son las características específicas de la maternidad? ¿Qué implicaciones tiene la palabra madre?

Acoger: el espacio para el otro

A partir de la concepción, la mujer se encuentra ante un desafío singular: lleva en sí el germen de una vida que es ya completa (la madre no puede añadir ni quitar nada de la vida de ese niño) pero que todavía está por construir (esas células que contienen a todo el niño en potencia necesitan de nueve meses para completar la obra).

La vida, cuando se presenta, siempre pone a la mujer ante una pregunta decisiva y difícil, porque solo tiene por respuesta un sí o un no, la acogida o el rechazo. Pero no se trata de una aceptación o rechazo, abstracto y teórico, de una posibilidad; sino de aceptar o rechazar la existencia concreta de un hijo suyo concreto y singular (ese y solo ese) que ya ha empezado a vivir en ella.

Hoy, más que en el pasado, se trata de un punto crucial, porque la actitud de una cultura hacia la vida naciente es altamente significativa de su vitalidad y de su apertura al futuro. En nuestro mundo, dominado por un fuerte individualismo, hemos renunciado a percibir la fuerza del vínculo con los demás: olvidamos que una elección, hasta la más personal, nunca incide solo en quien la realiza, sino que también lo hace siempre sobre su contexto vital. La pérdida de esta conciencia nos hace difícil ver que cada decisión individual contra la vida ha contribuido mucho a cambiar nuestra sensibilidad colectiva hacia la realidad humana.

Nos hemos acostumbrado a pensar en el principio del embarazo como un momento en que la mujer todavía está sola consigo misma y con su cuerpo, un cuerpo que le pertenece y sobre el que puede y debe ejercer su derecho a decidir, con absoluta libertad. Se anima a la mujer a imaginarse a sí misma en una posición neutral, desde la que toma una decisión que no va a tener consecuencias más que para ella.

Sin embargo, a nivel inconsciente presiona sobre ella otra verdad, que el cuerpo conoce bien: el hijo concebido ya es un hijo presente, así que la decisión que tome no va a ser solo para ella. La mujer necesariamente percibe, en lo profundo de sí, la existencia de algo que ya es alguien: de ello dan testimonio los innumerables relatos de maternidades interrumpidas, voluntariamente o no, con la carga de profundo malestar que conllevan y que ninguna pericia médica o psicológica, por muy atenta que sea, ha logrado eliminar.

Son malestares que afectan al yo y que hasta mucho tiempo después de la interrupción del embarazo siguen hablando mediante síntomas y sueños. Esto se debe a que la parte maternal de la mujer advierte inmediatamente y para siempre la responsabilidad «del» y «por» el hijo, desde el momento en que percibe inconscientemente su existencia.

Acoger un hijo es un acto del todo particular, nunca realmente fácil, porque incluye la disponibilidad a dar un verdadero salto de calidad en la propia vida. El hijo introduce una discontinuidad en nuestro modo de ser, porque su acogida significa abrir espacio a una novedad que, aunque se origina en nosotras, no podremos ni deberemos controlar. Es una apertura a lo nuevo e inédito, que nunca está exenta de imprevistos y peligros.

Se trata de una actitud muy distinta —es más, opuesta— a la de buscar un hijo a toda costa, o proyectarlo según nuestros sueños y deseos, tal y como los avances de las biotecnologías querrían que hiciéramos. Acoger supone renunciar a nuestros sueños omnipotentes de control, aceptar el riesgo, seguir pistas nuevas, entrar en el juego del sueño de la vida por encima de nuestros pequeños proyectos. Nos obliga a tener en cuenta también la posibilidad del dolor, y así nos hace crecer como adultos.

El primer y mayor desafío de la feminidad maternal se sitúa a este nivel y está unido a la acogida. La capacidad de acoger a la persona es el primer fruto específico de una buena cultura materna: acogerla por lo que «es», porque «es», reconociéndole un valor incondicionado, vinculado solo a su condición de persona e hijo en sentido lato.

Esta actitud mueve, a las mujeres que la cultivan, a tener una disposición fundamentalmente concreta en sus decisiones y pensamientos. El motivo es que la mujer que conoce en sí la maternidad sabe que cada opción y cada decisión que tocan lo humano incide en la humanidad real de alguien que es persona, que siente, que sufre, que desea; nunca recae en humanidad neutra y abstracta.

Por este motivo, el pensamiento maternal se configura como un «pensamiento en relación», inclusivo, que sabe tener al otro en cuenta. Dice: «El bien de la persona del otro me concierne». Es el origen de una modalidad concreta de atención al hombre, de la que el mundo está necesitado en extremo.

Imaginar: la mirada sobre el otro

La actitud maternal de acogida va acompañada por el desarrollo de otras capacidades importantes, indispensables para el buen crecimiento del otro, precisamente a partir de la nueva vida que la madre lleva en el seno.

Entre esas capacidades es fundamental la que se refiere a la calidad de la mirada. Se trata del desarrollo de una capacidad imaginativa positiva, análoga a eso que los franceses llaman *rêverie*, con un término intraducible. Es la capacidad de ver-soñar-imaginar-esperar todo lo positivo que la vida del otro tiene aún en germen, algo que no está en acto todavía, que no se ve aún, pero que logrará florecer precisamente gracias a la presencia de esta mirada buena.

Es la misma mirada que sabe «ver» al niño que va a venir allí donde los demás solo ven un bulto de células. Es la mirada interior que sabe proyectar en el futuro del hijo imágenes buenas, positivas, confiadas, que van a servir de apoyo a su crecimiento.

La mirada de la madre sabe multiplicar, y se proyecta lejos: ve al artista en el niño que hace garabatos, ve a un futuro científico en el niño que desmonta un juguete. Es la mirada de la posibilidad, que mantiene abierta la esperanza en el futuro, y por eso mismo lo hace posible. La vida psíquica del hijo se nutre de este soporte, igual que su vida física depende del alimento que la madre le prepara y proporciona: la calidad de una y otro son igualmente indispensables.

También en esto, la diferencia entre acogida y pretensión se manifiesta en miradas totalmente diversas. Si imagino al hijo como un producto de mi voluntad, si mi actitud es proyectarlo y construirlo, lo que llegará a ser este hijo no habrá de reservar ninguna sorpresa: debe responder a las expectativas que le preceden y que nacen de las exigencias de sus progenitores.

En cambio, si estoy dispuesto a pensar que el hijo no me pertenece, porque es un don que se pertenece a sí mismo y a la vida, podré mirarlo como a algo nuevo: con la curiosidad que solo se puede tener hacia lo que es realmente inédito, nunca visto, enteramente por descubrir. También será más fácil dejarle libre para descubrir su propio destino vital, porque su vida no está pensada para responder a una necesidad de sus progenitores.

Por eso es evidente que todo el planteamiento educativo y toda la relación con el hijo estarán influidos por esta diferencia en la mirada y la actitud: en realidad, cuanto más elevadas sean las expectativas, más fácil es decepcionarlas.

Naturalmente, cada padre o madre cultiva expectativas justas para sus hijos y espera lo mejor para ellos. Pero saber que el hijo no es una posesión le permite aceptar de manera distinta lo que la vida le reserve. Así encuentra la distancia emotiva necesaria para apoyarle y guiarle sin pretender tener el control de su vida.

Este saber «mirar más allá» es, por tanto, otro don de la maternidad al mundo: es la fuente de la confianza en el otro ser humano, que siempre es persona, y siempre ha nacido como hijo. Es la fuente de un pensamiento positivo, que regala continuamente al otro una nueva posibilidad.

A esta capacidad se añade otra, igualmente importante: la maternidad agudiza la sensibilidad de la mujer, le permite entrar en contacto con la criatura que está en ella y sintonizar progresivamente con sus necesidades.

Desarrolla la capacidad para percibir lo que no se dice, e intuye en el hijo también aquello que todavía no se conoce.

La intuición es una dote típicamente femenina. Con mucho acierto, la cultura popular le llama «sexto sentido» porque coincide en todos sus elementos con un sentido psíquico. Los estudios neuropsicológicos de los últimos años están sacando a la luz que la feminidad está constitutivamente predispuesta, de forma concreta, a este tipo de sensibilidad: han identificado diferencias entre las modalidades perceptivas del varón y de la mujer desde una edad muy precoz, cuando la influencia de la educación y del ambiente todavía es muy reducida.

Por ejemplo, desde muy pequeñas, las niñas manifiestan una atención especial hacia el rostro humano y tienden de forma más señalada a buscar el contacto visual. Su interés hacia la expresión de las emociones es muy vivo, así como su capacidad de sintonizar con ellas.

También la sensibilidad hacia los sonidos se presenta mucho más acentuada en las mujeres. Se ha comprobado que la niña logra percibir una gama de frecuencias vocales más amplia que los varones de la misma edad, y que es capaz de captar con mayor prontitud el tono de la voz del otro y su significado.

Estas características ya se ponen en juego en el modo en que, desde pequeños, los niños y las niñas se predisponen a las relaciones sociales. Pero las diferencias se hacen más evidentes con la pubertad. En esta época, las chicas dirigen principalmente su interés hacia la exploración de las relaciones, con su complicado entrelazamiento de amistades, enamoramientos y conflictos. Las chicas de esta edad prestan una atención e interés extremos a trabajar con la mente las relaciones significativas para ellas. Al mismo tiempo, son muy vulnerables y es fácil herirles, precisamente a causa de la intensidad particular con la que interpretan y viven cualquier matiz emocional. Toda la adolescencia femenina es, de alguna forma, un periodo de entrenamiento intensivo en la interpretación de las emociones.

La realidad masculina se manifiesta de forma muy diferente. El mundo de los chicos en la misma edad se muestra decididamente más orientado hacia la exploración de las propias competencias físicas y de los espacios del mundo exterior que hacia los aspectos emotivos de las relaciones. Muestra una competencia claramente menos articulada hacia estos.

La sensibilidad femenina se afina ulteriormente, y de modo significativo, durante el embarazo. Durante los nueve meses de gestación, la mente de la madre se modela progresivamente en torno a su hijo, con quien se crea una continuidad de sentimiento muy especial. El nacimiento del niño permite que la madre se ocupe de él con una intuición particular, y que se haga intérprete de sus necesidades de forma sintónica, la cual abre el camino a un circuito comunicativo especial. Este se puede observar en la díada mamá-recién nacido.

Si la particular sensibilidad femenina permite que la madre se identifique de forma empática con el bebé que lleva dentro, la misma dote constituye un recurso irrenunciable para construir un mundo verdaderamente humano. La empatía es un requisito previo, indispensable para situarse en el punto de vista del otro, y la ausencia o carencia de empatía son las causas de la crueldad y de la intolerancia. La capacidad de empatía no es exclusiva de las mujeres, pero por naturaleza esta dote es especialmente afín a ellas: en consecuencia, a ellas corresponde cultivarla en sí mismas y en sus hijos, para lograr que el mundo se convierta en un lugar mejor.

Cuidar: el bien del otro

Acoger e imaginar son verbos que expresan el desarrollo de una actitud. Cuidar es la consecuencia concreta de esa actitud: un verbo de acción, que connota ponerse eficazmente a disposición de la persona. Cuidar de alguien no es solo un pensamiento, ni mucho menos un modo simple de «sentir» el bien hacia él. Es, en cambio, la capacidad de salir de uno mismo, de superarse para hacerse cargo de las necesidades de otro, con amor concreto.

En cierto sentido es la verdadera manifestación del amor, que aprende a prescindir cuando sea necesario incluso de ese facilitador potente que es el sentimiento y la emoción, porque se concentra en lo necesario para el bien de aquel a quien ama.

En este sentido, es solo ese cuidado hacia el hijo lo que testimonia la autenticidad del amor por parte de su progenitor, del mismo modo que ejercitarse mutuamente en acciones buenas da consistencia al amor de pareja.

Cuidar supone trasladar nuestro centro de gravedad en función del otro, para preguntarse cuál es su verdadero bien, y buscar aquello que le ayuda a crecer, lo que favorece su desarrollo y su libertad.

En «cuidar» se incluyen muchas acciones, pequeñas y grandes, que se repiten día tras día en la cotidianidad de una familia: levantarse de noche para dar de mamar, o consolar en una pesadilla, sonreír cuando no se tienen ganas, prestar atención a pesar del cansancio, escuchar una lección, preparar la cena, organizar un cumpleaños.

Lo que convierte a estas acciones en un verdadero «cuidado» es su gratuidad, que hace de ellas una donación libre. Por eso, su premio no consiste en la correspondencia o en la obtención de reconocimiento, sino en la conciencia de ser ocasión para el desarrollo y bienestar del otro.

El presupuesto para un verdadero cuidado es el reconocimiento, explícito o implícito, del valor que tiene el otro como persona, pero también la percepción de su alteridad. Hay que trabajar progresivamente sobre uno mismo para construir la distancia emotiva justa que, por sí sola, permite distinguir el bien objetivo ajeno de aquello que a mí me gusta.

Precisamente porque el centro de gravedad se pone constantemente en el otro, el cuidado no es un proceso espontáneo ni automático, sino que exige conciencia y supone muchos momentos de esfuerzo. Hay un «entrenamiento» al cuidado, que todas las madres conocen por experiencia directa: el «enamoramiento» inicial del hijo, que ha nacido de su cuerpo y está tan cercano en la percepción emocional. Actúa como un potente facilitador inicial, pero, como en cualquier entrenamiento, la pasión no suprime el esfuerzo. Como todas las cosas concretas, el cuidado de alguien supone tomar muchas decisiones prácticas; tal vez la más difícil de todas es la de *dedicar el tiempo necesario*. Un hijo, en efecto, no necesita solamente una buena organización, sino también, y, sobre todo, la presencia real del adulto. Necesita una presencia suficiente, tanto desde el punto cualitativo como del cuantitativo, para sentirse visto y escuchado. Esto vale tanto para las madres como para los padres, pero muchas veces supone llevar a cabo elecciones especialmente difíciles para la mujer, sobre todo cuando el niño es muy pequeño.

Nos encontramos ante un problema individual y social: nadie puede sustituir a cada mujer/madre singular en el modo de encontrar, de acuerdo con su pareja, el equilibrio adecuado de recursos dentro y fuera de la familia. Por otra parte, ya no se puede dejar solo a las mujeres el peso de esta difícil decisión. Toda la sociedad, si pretende tener futuro, ha de hacerse cargo del nacimiento y crecimiento de sus hijos, valorando de modo muy concreto la maternidad en cuanto verdadero bien social.

Desviaciones de la maternidad: apropiación, control, deuda

Madre es aquella que dice sí a la vida, la promueve y está dispuesta a servirla sin condiciones. Las características positivas de la maternidad son: acogida, protección del vínculo, empatía, atención gratuita a las necesidades del otro, ternura.

Pero, como en cualquier otra realidad humana, en el arquetipo maternal también está presente el riesgo de confusión, que puede transformar a la madre, de generadora de vida, en trampa mortal. Es importante estar vigilantes para que no suceda, y ver venir las posibles desviaciones de una maternidad mal interpretada.

Los riesgos que se pueden presentar para la posición materna están relacionados precisamente con la fuerza del vínculo. Dado que el hijo se forma dentro de su cuerpo, la madre lo percibe desde el primer instante en continuidad directa con el yo: entre ella y el niño se crea un *continuum* psicofísico especial, que da forma a una relación de pertenencia e influencia mutuas.

En este punto, existe una diferencia decisiva entre el padre y la madre, que tiene su origen en la diferente intervención biológica del hombre y de la mujer en el acto generativo.

Para la mujer, un hijo es hijo desde el mismo momento en que ha sido engendrado en ella; su presencia en el propio cuerpo la llama a ser madre. Así, es el hijo quien le da el nombre de madre. Esta verdad biológica se confirma, a nivel legislativo, en la presunción por la que siempre se ha reconocido como madre de un niño a aquella que lo lleva en su seno y lo da a luz.

No sucede lo mismo con la paternidad. En este caso, es el padre quien nombra al niño hijo suyo, en el momento y en la medida en que le reconoce voluntariamente esa condición, tanto en el plano personal como en el social. De este modo, el vínculo que establece con él no es de origen biológico, sino cultural.

Aunque el grado de parentesco sea el mismo y la relación afectiva también pueda ser muy fuerte, la experiencia del embarazo es, sin duda, totalmente especial e incomparable. Hace posible una forma única de contacto psicofísico entre dos personas, distinto de cualquier otra relación.

La madre y el hijo se influyen recíprocamente, de un modo que todavía sigue siendo desconocido en gran medida. En los últimos años, los estudios de neuroimagen han demostrado que el cerebro del niño, gracias a la notable plasticidad que lo caracteriza, recibe la influencia de todo lo que sucede en el entorno materno, en el que se encuentra y que le rodea. Pero también la madre, unida a su hijo por un circuito vital complejo, recibe la influencia de este en un modo misterioso y personal. Se trata de una especie de diálogo sin palabras, en buena parte inconsciente, pero muy vivo y destinado a dejar profundas huellas en la personalidad del nascituro.

A veces se olvida que la primera manifestación de un hijo, también cuando ha sido deseado y buscado, va casi siempre acompañada de sentimientos de profunda ambivalencia en la madre.

La mujer que percibe que está embarazada siempre tiene una sensación de turbación y temor, porque siente que ha sucedido en ella algo inexorable. En efecto, a partir de ese momento, hay una nueva criatura que ha empezado a vivir y que seguirá creciendo en ella a impulso de su propia fuerza vital, independiente de su voluntad. Ella pensaba «crear un niño», pero de pronto percibe impresionada que, en realidad, ese hijo no es algo que «ella hace», sino más bien algo que «se hace en ella». El vínculo que la une enseguida al hijo todavía *in nuce* presenta una fuerza inesperada, imprevista y desconcertante, porque parece obligarla desde lo profundo de sí misma y más allá de su voluntad. Entonces, el niño puede aparecerle como alguien que amenaza con fagocitar su cuerpo y su vida entera con necesidades que se pueden percibir como auténticas tormentas.

Este es el desafío más profundo de la maternidad: ¿cómo se afronta una relación tan asimétrica, en la que la necesidad se sitúa totalmente de una parte, mientras que, por la otra, solo parecen encontrarse trabajo y responsabilidad?

Mientras el niño construye su espacio en el cuerpo de la madre, esta necesita, en primer lugar, aprender a dejarle un espacio en su mente: un espacio en suspenso, en equilibrio entre el yo y el no-yo, que constituye la unidad simbiótica necesaria, el ambiente psicológico idóneo para el desarrollo del cuerpo y también de la mente del niño.

Así, el primer paso bueno de la maternidad es permitir que se constituya una relación simbiótica. Esto exige que la mujer suavice los límites de su yo, para hacerlos más fluidos por un tiempo. No resulta fácil cuando la mujer está acostumbrada, y hoy en día es frecuente, a defender su propia afirmación mediante el ejercicio de un control fuerte.

Pero esta misma posición simbiótica, tan necesaria en las primeras fases de vida del hijo, para hacer bien su función, también debe ser transitoria y no totalizadora. Así como se constituye de forma progresiva, también se debe disolver progresivamente, para dejar que el hijo crezca y dé vida a su propia mente. Esto hace que el recorrido sea complejo, porque exige el establecimiento de un apego fuerte, pero junto a él la conciencia permanente de que ese apego debe prever el desapego. En la relación madre-hijo se abre, desde el primer momento, el desafío de la «justa distancia» emotiva y física. Es necesario vigilarla continuamente y redefinirla en función del momento evolutivo del hijo. La ausencia de esta conciencia y de esta vigilancia puede transformar la relación en una trampa, y hacer que para el hijo sea difícil alejarse tranquila y libremente de la madre, para crecer.

Lo que permite evitar este riesgo potencial es la presencia afectuosa y real del padre. El hijo realmente libre en este aspecto es solo el hijo de la pareja.

El padre puede lograr que la relación madre/hijo no se cierre sobre sí misma, en la medida que sea capaz de mantener a la mujer unida afectivamente a él y hacerle sentir el valor de su condición de mujer, además de madre. En cambio, cuando la posición del marido/padre es demasiado débil, la mujer puede convertir al hijo en el objeto privilegiado de su amor, sustituyendo en su corazón al amor hacia el hombre. Esto expone al hijo al riesgo de quedar prisionero de la poderosa relación con ella.

La parte materna de la mujer, por sí sola, tiene una gran dificultad para alejar al hijo de sí, con el fin de que pueda crecer. Por eso, la díada madre/hijo necesita abrirse con la presencia de un "tercer" elemento lo suficientemente fuerte como para reconducir a la madre a su posición de mujer. Si el padre queda como marginado y extraño en la relación afectiva y educativa, la ausencia de este "tercer" elemento puede hacer que se haga dominante un exceso de la dimensión materna, que no favorece el crecimiento.

No es fácil definir, en la relación madre/hijo, el límite entre solicitud y control. Pero el riesgo siempre es próximo cuando la madre convierte al hijo en el eje de su vida. La madre omnipotente se sitúa como elemento central en la vida del hijo mucho más allá del tiempo necesario; su amor, aparentemente dedicado y generoso, con frecuencia se transforma en una forma implícita de apropiación y control. Sin proponérselo, acaba cargando al hijo con una deuda de gratitud imposible de saldar y culpabilizadora, que también le va a condicionar en sus decisiones afectivas de adulto.

La mejor salvaguardia de las potentes desviaciones de la maternidad es, entonces, la capacidad que tengan el hombre y la mujer para mantener en el tiempo una relación de pareja rica y vital.

La pareja y su relación de amor se presentan como la mejor garantía para un desarrollo afectivo sano del hijo. En ese caso, tal vez sea importante empezar a preguntarse qué repercusiones van a tener, desde el punto de vista afectivo, los cambios que se están produciendo, y que contemplan cada vez más al hijo como respuesta a puros deseos individuales, eliminando desde el primer momento a la pareja.

Es necesario cuestionar seriamente esas técnicas procreativas que convierten en superfluo hasta el mismo pensamiento de la pareja como origen necesario de la vida. Fomentan así el nacimiento de niños que corren el riesgo de quedar prisioneros en la omnipotencia individual de un adulto.

Los sueños de omnipotencia están siempre peligrosamente próximos en la posición materna. El recurso actual a técnicas reproductivas que hacen innecesaria a la pareja, nos aboca a que se hagan realidad incluso lo sueños más duros.

IV.
DE MADRE A HIJA

Entre todas las relaciones humanas, la relación con la madre tiene un papel completamente especial, por su fuerza, su complejidad y su misterio.

Bajo ciertos aspectos, puede definirse como una relación «imposible». Conoce la cercanía más profunda, cuando el niño va formando parte del mundo, todavía inmerso en el cuerpo materno. Su mamá todavía forma con él una unidad primaria indisoluble; pero también es una relación de infinita lejanía, que nace de la imposibilidad de expresar en palabras e incluso a menudo en pensamientos, la intensidad del vínculo. Esta imposibilidad está unida a la propia naturaleza de la relación, a la precocidad de los acontecimientos, que no esperan a que el lenguaje se desarrolle, pero también al peligro que entraña la fuerza de ese vínculo.

Es una relación que se juega constantemente en el desafío de encontrar una «justa distancia», que se debe redefinir continuamente a lo largo del tiempo, y que oscila entre el peligro de la simbiosis total, que mata las identidades, y el enrocamiento defensivo de una actitud de dolorosa extrañeza.

Ya sea sobre la vertiente de la madre, ya sea sobre la del hijo, el inconsciente mantiene vivo y presente para siempre lo que ha sucedido al principio. Ese hijo tiene su origen en una fuente irrenunciable, que le reclama y le rechaza al mismo tiempo. Siempre tendrá una profunda nostalgia de ella. También, y sobre todo, cuando la realidad de la relación entre madre e hijo no se desarrolla de una forma realmente buena y vivificante.

En la relación con la hija, a la complejidad de la que estoy hablando se añade otra. Cada mujer aprende de la mujer/madre a ser, a su vez, mujer y madre, en una cadena que se extiende de generación en generación y que contiene un desarrollo de bienestar o, por el contrario, de profunda y difusa infelicidad.

Por esta razón es importante examinar con mayor profundidad el interior de esta relación. La conciencia de lo que ha supuesto esta relación en cada mujer, para bien y para mal, permite que en cada momento de la vida se pueda «ajustar el tiro», para llegar a entender, a amar y, si es necesario, también a perdonar a nuestras madres. Junto a ello, ayuda a entendernos y perdonarnos como hijas y como madres. Solo esta conciencia es capaz de abrir realmente la puerta al reconocimiento, que es un sentimiento maduro, rico y pacificador.

A pesar de los cambios sociales y culturales que están teniendo lugar, y de las profundas incertidumbres y contradicciones de la vida cotidiana, todos seguimos considerando que la relación entre padres e hijos es fundamental. Sabemos con certeza que nuestras raíces están insertas en la vida de quienes nos preceden, y que las figuras más significativas entre ellos son, siempre y en todo caso, las de un padre y una madre. Sean amados, odiados, criticados, llorados, conocidos o desconocidos, en ellos tenemos nuestro fundamento insuprimible. Todos, hayamos vivido con ellos o no les hayamos ni siquiera conocido, necesitamos compararnos con la imagen de nuestros progenitores, en el proceso de búsqueda de nuestra identidad y del sentido de nuestra vida. En ellos se esconde una parte ineludible de nosotros, de la que ellos son depositarios, aunque no lo sepan.

Nuestra identidad tiene su origen en la de ellos, en las características físicas, psíquicas, intelectuales de cada uno; pero también en las vicisitudes de su relación de pareja y en las de la relación que ellos hayan mantenido con nosotros. Nadie puede escapar a esta realidad, y el intento de negarla ocasiona un peligroso extrañamiento de uno mismo.

Por eso conviene volver la vista atrás y mirar, frente a frente, a la propia historia. En la mayoría de los casos, descubriremos que nos han precedido y llevado de la mano personas que, aun con todas sus limitaciones, han procurado querernos. También empezaremos a entender que estos «adultos por definición» que son nuestros padres han sido a su vez, y no mucho antes, unos niños a los que han llevado de la mano otros adultos-niños, en esa cadena inagotable de relaciones que define la condición humana.

Es una cadena compuesta de afectos, errores, dolor, valor y fragilidad, y de la que todos formamos parte. Al convertirnos en padres, esta conciencia puede sostenernos y acompañarnos, haciéndonos menos duros en el juicio hacia los demás y hacia nosotros mismos.

A lo largo de mis años de trabajo he conocido de cerca decenas de historias de mujeres, hijas y madres.

Para cada niña, mujer o chica que me he encontrado, al margen del motivo que la empujaba a solicitar mi ayuda, la relación con su madre siempre se ha revelado como un tema de importancia central y primaria. Ya fuera una necesidad referida directamente a su propia identidad, o motivada por una relación conyugal difícil, o por una relación problemática con sus hijos, antes o después tras la hija se encontraba siempre la figura de la madre, revestida de una afectividad muy fuerte y a menudo dolorosa. Solo después de haber afrontado y resuelto en profundidad las cuentas pendientes con su madre, aquella mujer/hija podía recuperar su propio camino y hacer frente por fin a las demás relaciones importantes de su vida de un modo realmente eficaz y resolutivo.

Como hija, he tenido la suerte de poder trabajar en profundidad sobre la relación con mi madre, hasta aprender con el tiempo el valor y la alegría insuperable del reconocimiento. En cambio, como madre de una hija, todavía estoy aprendiendo de una forma muy concreta y apasionante la riqueza y la variedad de emociones que se intercambian entre una madre y una hija, la amplia gama de alegrías y dificultades, la fuerza del vínculo y su natural e inevitable ambivalencia.

La relación entre madre e hija tiene diferentes etapas de desarrollo, que se entrelazan mutuamente entre momentos alternos. No es fácil sintetizar en poco espacio un relato tan complejo y rico en matices. He optado por concentrar la atención solo en algunos pasos, poniendo bajo una lente de ampliación, sobre todo, dos momentos: el comienzo de la relación, cuando la madre se encuentra con la identidad femenina del bebé; y el delicado paso señalado por el fin de la infancia: la pubertad y la preadolescencia. A mi modo de ver, en estos momentos se juegan situaciones importantes, que pueden ayudar a comprendernos mejor a nosotras mismas, a nuestras hijas y nuestra relación con ellas.

La edad de los mimos (ser como mamá)

El cachorro humano viene al mundo con la necesidad natural de ser acogido y amado, y de ver reconocido su propio valor. En este punto no hay diferencia alguna entre el pequeño varón y la niña, porque los dos se abandonan confiados en los adultos que les han engendrado y que procuran tener con ellos un intercambio afectivo rico y satisfactorio. La posibilidad de experimentar una relación primaria suficientemente buena y bien modulada fundamenta el sentimiento de confianza en la bondad del mundo, pero también el buen amor a uno mismo y el sentimiento del propio valor.

Es importante recordar que el nacimiento de un hijo, sea varón o mujer, nunca se produce en el vacío, porque la pareja relacional madre-hijo tiene su origen y desarrollo dentro de un contexto más amplio. En efecto, no hemos de olvidar que esa madre es en todo caso una mujer y que, por eso, es a su vez hija de una madre y un padre. Además, es esposa, tal vez tiene otros hijos, y una vida afectiva y profesional que la definen antes y más allá del embarazo.

Cada bebé que nace tiene, a su vez, un padre, que ama o no a la madre y que a su vez es amado, o no. Y ese padre, a su vez, es hijo, de un modo que marca el estilo de su propia paternidad.

En consecuencia, el discurso es extremadamente complejo. Por eso, para definir lo específico de la relación entre madre e hija tenemos que dejar en segundo plano, al menos en parte, algunas de las variables del juego, aunque no las ignoremos.

En esta primera fase de la vida, cuando todavía no se ha desarrollado el lenguaje verbal, la relación entre madre e hijo atraviesa un intenso diálogo no-verbal, hecho de retroalimentaciones y adaptaciones recíprocas. Cuando son adecuadas, permiten que el hijo se sienta comprendido en sus necesidades fundamentales, y así reconocido y amado. El contacto con la madre representa para cada recién nacido una fuente muy rica de *inputs* comunicativos. La mamá que cuida a su niño aprende en poco tiempo a «sintonizar» con él y a captar los modos, tiempos y ritmos necesarios para que *ese* hijo se sienta bien. Cuando le habla, le acaricia o le alimenta, el niño reconoce su voz, el olor, el calor, la presión del cuerpo. La mirada de la mamá que le sonríe es signo de un mundo que le acoge con gozo.

Si la relación es de placer y de satisfacción recíprocos, el hijo siente que tiene valor a los ojos de la madre, como si ella le dijera «te quiero porque existes / te quiero solamente por ser tú», y esta percepción sienta las bases para el futuro desarrollo de un sano amor a sí mismo y de un sentido positivo de la vida.

Cuando, en cambio, a la mamá y al hijo les cuesta «sentirse» y «encontrarse», en el niño nace la sensación confusa de tener en sí algo equivocado, que suscita la desaprobación de la madre. En su inconsciente se sedimenta una especie de malestar que nace de la percepción de no ser adecuado, por ser incapaz de suscitar en ella una respuesta de placer.

Ya sean positivas o negativas, siempre se trata de emociones muy profundas, porque su origen se encuentra en un momento anterior al desarrollo del lenguaje y del pensamiento. Por este motivo, se podrían definir como emociones «encarnadas», que pasan a formar parte del modo en que cada uno se percibe a sí mismo. No se trata de vivencias conscientes, sino más bien de una especie de impronta inicial, que marca la personalidad naciente. Probablemente aquí se sitúa el principio de muchas dolencias psicosomáticas y muchas inquietudes profundas. Por este motivo es tan importante proteger esta breve fase, que cubre los primeros seis u ocho meses de vida del pequeño: es preciso entonces tutelar a la madre, asegurar su serenidad, permitir que se ocupe ante todo del nuevo ser humano que ha engendrado.

Contentar a la madre es, en todo caso, un deber al que el niño no puede escapar, y que sigue persiguiendo durante toda la infancia. Si le parece que su mamá no está satisfecha, es frecuente que el niño inteligente y capaz se esfuerce por secundar todo aquello que identifique como expectativas de la madre. Otros tratan de llamar su atención con comportamientos más o menos problemáticos (capricho creciente, alteraciones psicosomáticas, etc.) que abren paso a relaciones a veces difíciles y ambivalentes.

En todos, la falta de una experiencia satisfactoria de intimidad deja una huella que va a marcar el carácter y, a veces, a hacer menos serenas las sucesivas experiencias de intimidad afectiva, y puede que también sexual, en su vida adulta.

La relación con un hijo siempre es anterior al nacimiento, porque empieza en los sueños, pensamientos y vivencias que acompañan a los padres, sobre todo a la madre, durante la gestación. En el desarrollo de estos sueños y pensamientos, tiene un papel nada secundario el sexo del futuro hijo. Según el modo en que haya vivido y vive su propia feminidad y la relación con su madre, la futura mamá puede desear o temer el nacimiento de una hija, porque percibe que la relación con ella va a representar un desafío: el mismo desafío, en positivo o en negativo, que ha sido la relación con su madre. Esto no puede dejar de influir sobre su capacidad para sintonizar de modo empático con la pequeña.

En cada mujer, la intimidad física con el cuerpo de un recién nacido de sexo femenino, inconscientemente, está marcada por la vivencia concreta de su propio cuerpo. La niña se vive como otra "pequeña yo", sobre la que se proyectan los fantasmas inconscientes de la propia historia.

He tenido muchas ocasiones de escuchar confidencias de madres que, aunque querían sinceramente a su hija, sentían un rechazo inmotivado hacia su cuerpo de mujer pequeña, y eran incapaces de encontrar la sintonía adecuada con ella. Estas madres cuentan que sienten hacia la recién nacida una especie de distanciamiento, de malestar, como si les resultase imposible encontrar espontáneamente una completa correspondencia emotiva con ella. Muchas veces notan que esta dificultad nace precisamente de la feminidad de su pequeña, y que no tendrían el mismo problema con un varoncito. Se sienten culpables, pero, a pesar de ello, no logran «sentir» a su niña, como si les fuera imposible obtener la longitud de onda necesaria para un verdadero encuentro.

¿De dónde surge esta dificultad?

En la mayoría de las mujeres, la resistencia interior al contacto físico con una hija nace, como en cadena, de una dificultad en *su* relación con su *propia* madre, una dificultad de la que pueden o no ser plenamente conscientes. También estas madres han sido niñas y llevan la huella de aquel antiguo contacto: si la relación ha sido insatisfactoria, probablemente ha provocado en ellas una herida que al principio ha sido fuente de dolor y rabia, sobre todo cuando es muy profunda y poco consciente.

Ya que ninguna historia relacional es perfecta, la mente humana cuenta con un gran recurso: la capacidad de construir defensas frente al dolor psíquico, distintas según la edad y la intensidad del sufrimiento. Entre todas, una de las defensas más precoces y eficaces es suprimir las emociones, que de este modo dejan de hacernos sufrir, casi como si ya no fueran nuestras. Gracias a la eliminación, la niña que no se ha sentido plenamente querida puede seguir creciendo, desarrollar competencias y capacidades, y vivir la relación con su madre como ambas la hayan estructurado echando mano de lo mejor de sus recursos.

Sin embargo, las emociones suprimidas no se desvanecen, sino que siguen presentes en nuestro interior, en la parte inconsciente de nuestra personalidad, preparadas para resonar y presentarse, intactas. Lo hacen cuando la vida nos pone en contacto con situaciones emotivas que evocan otras ya vividas anteriormente.

El embarazo es precisamente una de estas situaciones emotivas. El contacto íntimo con la recién nacida provoca, en el inconsciente de la mujer que ha de abrir su corazón a su niña, una reaparición del dolor rabioso de aquella falta de sintonía primaria, vivida con anterioridad en la relación con su madre.

Entonces el inconsciente intensifica las defensas, y esto da origen a aquella especie de incomprensible anestesia emotiva, a la que hacíamos antes referencia. Hace que la madre se vea incapaz de sentir hacia la recién nacida las emociones profundas y auténticas que esta desearía conscientemente.

No haberse sentido mirada, ni acogida, ni amada por la madre puede hacer difícil ver, acoger, amar a la propia hija con el amor completo que cualquier madre desea.

Siempre existe un vínculo de continuidad entre nuestro presente y nuestro pasado. Aunque nunca se puede cambiar el pasado, encontrar la fuente de las heridas permite poner en su lugar las emociones, con un efecto sanador.

Esta reconstrucción sintética de mecanismos que, en realidad, son muy completos y complejos, pretende ofrecer una primera ayuda para comprender que siempre es posible dar una vuelta, para bien, incluso a las historias difíciles.

El embarazo reactiva siempre en la mujer las vivencias antiguas de la relación con su madre. Precisamente por esto, si se afronta de forma consciente, puede constituir una oportunidad muy valiosa. Para muchas mujeres, la experiencia de contener en su cuerpo a una criatura tan necesitada y vulnerable es la ocasión de ponerse en contacto con esa parte íntima de sí mismas, pequeña y vulnerable, sacar esa interioridad a la luz y afrontarla, al mismo tiempo que cuidan de su hijo. Esto supone un fuerte impulso a su propia madurez como mujer, y muchas veces señala el paso a una nueva dimensión de la vida adulta.

Como hemos visto, puede suceder que el sexo del bebé complique las cosas. En esos casos, es importante detenerse a evocar de nuevo, con atención y profundidad, los momentos de la relación con su madre: por fin ha llegado la ocasión de interrumpir la cadena dolorosa de relaciones insatisfactorias, y evitar que se perpetúen a través de la recién nacida.

La salida de la infancia: los cuentos enseñan

Los cuentos de hadas constituyen una buena ayuda para comprender las dinámicas psíquicas del crecimiento. Podemos considerarlos como una especie de invernadero rico en elementos oníricos. Bajo la forma simbólica de los cuentos ha sedimentado la sabiduría de muchas generaciones. Volver a leerlos siempre reserva alguna que otra sorpresa interesante.

Hay un conjunto de cuentos que tienen por protagonistas a niñas a las puertas del desarrollo: los ejemplos más clásicos son *Cenicienta*, *Blancanieves* y *La bella durmiente*. En los últimos tiempos, su lectura más superficial las ha interpretado en un sentido claramente negativo, como si su objetivo fuera transmitir una especie de pedagogía femenina pre-emancipación: niñas en una búsqueda irreal del Príncipe Azul, probablemente poco inteligentes, enfermizas y caracterizadas por una incapacidad sustancial para ser protagonistas de sus vidas.

Sin embargo, una lectura más atenta y desde la clave del lenguaje simbólico ayuda a descubrir en ellas una rica estratificación de significados, que siguen siendo válidos para captar los pasos evolutivos de la psicología femenina.

En primer lugar, no deja de impresionar que las protagonistas de este tipo de cuentos sean casi siempre huérfanas de madre, cuando son muchachas en la edad del paso de la infancia a la primera adolescencia. Como premisa, los relatos nos cuentan que su madre ha muerto y su padre se ha casado en segundas nupcias con una mujer al menos poco cariñosa, cuando no definitivamente mala: la madrastra. En todo caso, también en los pocos casos en que no se dice que la madre ha muerto, esta tiene un papel completamente marginal y carente de significado activo para el desarrollo de la historia.

El principio de un cuento de hadas tiene la misma importancia e igual valor que el principio de un sueño: la premisa de la muerte de la madre, en este sentido, puede considerarse decisiva. Dentro del lenguaje simbólico, ayuda a comprender el tema, y nos conduce sin preámbulos a la cuestión central en el cuento de hadas.

En cierto sentido, el punto de partida del cuento es una afirmación fuerte: el recorrido que conduce a la niña hacia su identidad de mujer pasa por la muerte simbólica de aquella madre buena e idealizada de la infancia. Este presupuesto aparece en la historia como premisa de todo lo que va a suceder a continuación. Es como una declaración de que, si faltara este paso decisivo, ni siquiera se podría empezar la aventura del crecimiento. En todo caso, es interesante que en este tipo de fábulas siempre se nombre a la madre de la infancia como una presencia buena del pasado: su existencia en la vida de la muchacha es una premisa necesaria, y también un presupuesto para el crecimiento posterior.

La muchacha que se adentra en la vida, la protagonista del cuento, es una princesa, o en todo caso una chiquilla positiva, entre otras cosas, porque ha conocido a esta madre, que para ella constituye una especie de buen terreno del que partir. Si no ha tenido esta madre (como las hermanastras de Cenicienta u otras parecidas) su recorrido parece bloqueado desde el primer momento, y su desarrollo será menos positivo.

Para el desarrollo de la historia, es igualmente importante la aparición de otro tipo de madre, con quien la muchacha está obligada a confrontarse. La muerte simbólica de la madre de la infancia deja el puesto al encuentro / desencuentro con otro ser femenino, el de la madre-madrastra-bruja, la madre-enemiga.

En esta figura, los matices afectivos/maternales se ven superados por características más típicas de la feminidad/erótica. La madrastra y la bruja son mujeres que dan mucha importancia a su belleza, y precisamente por eso entran en conflicto con la joven. Esta, a medida que crece, amenaza con oscurecer su imagen.

En el fondo del cuento de hadas siempre está la perspectiva del encuentro con el príncipe. Esto significa el recorrido de la niña hacia la vida adulta y su acceso a la vida sexual, al descubrimiento de lo masculino y del amor. El encuentro con el príncipe hará pasar a la muchacha de la condición de hija a la de mujer. Para este recorrido, el encuentro/desencuentro con la feminidad de la madre es un punto decisivo: para convertirse plenamente en sí misma, la muchacha tiene que superar todos los obstáculos que presenta la compleja relación con ella, que habrá de acompañarla en el crecimiento sin imponerle su propio modo de ser.

En este camino, nada sencillo, es importante que la madre sea capaz de aceptar el crecimiento de la hija y su acceso a su propia sexualidad. Ha de buscar aquel equilibrio que le permite acompañarla sin volverse entrometida.

La posición de amiga y confidente puede no servir para las cuestiones del sexo, como tampoco está bien fingir no ver nada, dejando a la chica sola, esperando que se las arregle. La chiquilla tiene que sentir que su madre está orgullosa de verla crecer, de que se ponga guapa y hacerse plenamente mujer; necesita sentir que es su principal apoyo, para que tenga una vida plena y buena. La madre no obstaculiza el acceso de su hija a la vida sexual, pero quiere que esté preparada. Para eso, la muchacha ha de ser consciente de sí misma, del valor de su cuerpo como verdadero don para alguien que sepa acogerlo, con el amor y el respeto que merece. En consecuencia, aunque la anima a crecer, también es capaz de permanecer vigilante y expresar, cuando sea necesario, alguna que otra prohibición que sirva para protegerla.

A veces las incomprensiones son inevitables, porque en ambas, madre e hija, la ambivalencia de los sentimientos no puede desaparecer. En este sentido, la figura de la madrastra y de la bruja, tan recurrentes en los cuentos de hadas, no quieren representar la presencia constante de madres hostiles, sino más bien la constante presencia simbólica de estos fantasmas en el inconsciente de la niña que está creciendo y que teme que su propio florecimiento provoque en su madre sentimientos de envidia y rivalidad.

Una última consideración se refiere, en este tipo de cuentos, a la posición del padre.

¿Por qué el padre, el rey, decide por el bien de su hija sustituir a la madre muerta con una nueva figura que se revela madrastra?

De niña me he preguntado muchas veces, sin encontrar la respuesta, cómo es posible que el rey, el padre, en lugar de consolar a la hija huérfana con una renovada atención, siempre sintiera la necesidad de encontrar una nueva esposa. Con eso ponía a la ya desgraciada hija en situaciones difíciles, de las que después se desentendía sistemáticamente.

Siempre me parecía que la hipótesis más probable era la de que el rey no era capaz de arreglárselas solo. ¿Pero por qué iba a elegir sistemáticamente a una mujer tan inadecuada?

La fábula, con su lenguaje simbólico, sugiere en este punto otra reflexión muy importante, referida a la posición del padre. En el momento en que la hija empieza a crecer, el padre se ve implicado, a su pesar, en la nueva relación entre ella y la madre: una relación compleja, a menudo conflictiva y en ocasiones difícil de entender. El cuento sugiere que el padre, aunque quiere a su hija, evita aliarse con ella en contra de la madre, y nunca permite que ocupe en su corazón el puesto de esta (es lo que sucedería, por ejemplo, si el rey, cuando ha muerto su mujer, se conformara con vivir contento y feliz junto a su niña).

El padre que quiere hacer bien su papel acepta de buena gana lo que está pasando y deja que su hija viva hasta el fondo el encuentro/desencuentro con la imagen negativa de la madre, hasta que llegue a construir su propia identidad adulta. En consecuencia, no se deja llevar por la intensidad emotiva de los hechos, aunque la hija pueda interpretarlo como un desinterés hacia ella. Así ayuda a «las mujeres de su vida» a poner todo en su justo lugar. En el terreno práctico, se concreta, por ejemplo, en que el padre aprende a soportar con paciencia los enfrentamientos periódicos y hasta encendidos entre madre e hija, sin tomar posición por esta en contra de su mujer. Cuando considere que esta actúa de forma poco adecuada, podrá (y deberá) intervenir con ella por separado, aunque sin dejar de recordar que no es fácil interpretar una relación así solamente desde la lógica masculina.

La edad de los sueños: la preadolescencia y la primera adolescencia

Las noticias recientes nos han obligado a mirar de frente a una realidad que ha inquietado a todos. Nos ha abierto los ojos a un fenómeno verdaderamente preocupante y probablemente infravalorado. Los episodios de prostitución de menores, recogidos por todos los periódicos, muy probablemente solo son la punta de un iceberg. El contexto en el que se encuadran tiene que ver con el modo en que chicas muy jóvenes entienden y viven hoy su naciente sexualidad*.

---

* El escándalo, al que se dio el nombre de *baby squillo*, que podría ser equivalente a "bebés de llamada" se produjo en 2014, con el descubrimiento de la prostitución voluntaria de dos menores, de 14 y 15 años, en el barrio del Parioli, uno de los más acomodados de Roma (NdT).

Hay una edad de la vida especialmente vulnerable y valiosa, quizá no suficientemente comprendida ni considerada por los adultos-educadores, que están más atentos a la primera infancia, con sus desafíos, y a la plena adolescencia, con sus turbulencias. Se trata de esa edad comprendida entre los 10/11 años y los 14/15, que precede, acompaña y sigue a las imponentes trasformaciones físicas y psíquicas de la pubertad.

Es una edad intermedia que se caracteriza, en cierto sentido, por su «no-ser»: su protagonista ya no es una niña, pero tampoco es adolescente todavía; todo gira en torno a la incertidumbre y la fragilidad de este no-ser-ya y no-ser-aún. Es el momento de la vida en que el cuerpo empieza a transformarse en el adulto que va a ser, y en el que la sexualidad empieza a convertirse en cuestión personal. Las curiosidades genéricas del niño (ya sea varón o mujer) se transforman en una pregunta relacionada con el propio yo y la pertenencia. Es una edad delicada, de dudas y melancolías, de temores e incertidumbres. En esta edad tan poco comprendida, es demasiado frecuente que los adultos se aparten y dejen solos a sus hijos, porque interpretan su rechazo al adulto como la exigencia cada vez más precoz de una legítima autonomía.

En cambio, esta fase de la vida exige al progenitor y al mundo adulto en su conjunto el desarrollo de una capacidad especial, la de vigilar al propio hijo, y a todos los hijos de la misma edad, para asegurarles esa especie de «penumbra psicológica» que es preciosa, porque la necesitan para crecer de una forma realmente serena.

Me gusta llamar a este período «la edad de los sueños» porque, cuando el mundo adulto lo preside adecuadamente, permite al niño echar la mirada más allá de la infancia sin riesgo. Así puede presentir el crecimiento, experimentar la expansión de nuevas emociones, pero sin que se traduzcan peligrosamente en experiencias demasiado precoces. Es una edad en la que se puede soñar alrededor de las nuevas emociones que sugiere el cuerpo, en la que se puede imaginar lo que podría ser y lo que será, en la que se aprende paso a paso a dar a la realidad sus verdaderos límites, sobre todo en lo que se refiere al sexo, al cuerpo y al amor. Todo ello se hace con el ritmo que cada uno necesite para hacerse adulto, gradualmente.

Por el contrario, actualmente asistimos a una aparición cada vez más precoz de algunos comportamientos. Esta se produce muchas veces con la connivencia inconsciente y de buena fe de los adultos.

La verdad es que el mundo adulto se encuentra con grandes dificultades ante esta fase de la vida, de la que generalmente tiene pocos recuerdos personales y que le cuesta comprender. Además, nos encontramos ante transformaciones demasiado rápidas del contexto social, que hacen a nuestros chicos mucho más hábiles que nosotros en el dominio de la tecnología y en la gestión independiente de sus relaciones, con instrumentos como *Facebook* o *WhatsApp*, que nos excluyen de sus vidas.

Por eso es muy frecuente observar que el progenitor considera demasiado pronto a su hijo como adolescente y empieza a tratarle como tal, sin haber llegado a comprender la especificidad de esta fase de la vida. En consecuencia, no sabe responder adecuadamente a sus exigencias.

En la preadolescencia, los mundos masculino y femenino empiezan a diferenciarse definitivamente. Varones y mujeres experimentan de forma distinta las emociones físicas y psíquicas propias del encuentro con su cuerpo que crece. Muchos pensamientos y comportamientos individuales se proponen dar respuestas a la importante pregunta sobre la pertenencia a un sexo concreto.

La preadolescencia femenina es una edad compleja y rica en matices, en la que tienen su raíz muchas características personales que se van a encontrar en el desarrollo sucesivo. Las trasformaciones corporales de la niña tienen su centro en un evento «fuerte»: las primeras menstruaciones. Se trata de un hecho que suscita una amplia gama de reacciones psíquicas, en buena medida condicionadas por el modo en que la chica haya percibido la vivencia de su madre respecto a la menstruación: una vivencia simultáneamente consciente e inconsciente, que se refleja en la forma en que la madre ha gestionado su propio ciclo y la confianza que tenga (o no) con su hija para hablar de él.

Comparadas con un pasado aún bastante reciente, las menstruaciones parecen haberse convertido actualmente en un evento menos «secreto». La publicidad de compresas e higiene íntima, que muchas veces llega a ser invasiva, las ha transformado, al menos en apariencia, en una cuestión principalmente práctica o, como mucho, sanitaria, de la que ya se puede hablar sin incomodidad. En realidad, como en todas las cuestiones corporales importantes, el inconsciente femenino, y también el masculino, siguen percibiendo en el sangrado periódico de la mujer algo especial, que escapa a la banalización. Todavía hoy sigue siendo frecuente que las madres se sientan más cómodas al hablar con sus hijas de la concepción que del ciclo menstrual.

En concreto, para aquellas madres y niñas que hayan vivido el descubrimiento de su «ausencia» genital como una disminución, la aparición de la sangre de los genitales parece reactivar un antiguo tema inconsciente de castración. Puede, por eso, suscitar sensaciones desagradables de vergüenza. Es posible que en las hijas se produzca una vivencia muy contradictoria, dividida entre el orgullo de hacerse mayores y el malestar hacia un cuerpo que se muestra tan complejo y que «mortifica» la propia diferencia.

En todo caso, la aparición de la primera menstruación (menarquía) marca la entrada en una nueva etapa. Hoy en día, la mayoría de las chicas parece vivir la llegada del ciclo con tranquilidad, como un evento esperado al que su madre les ha preparado. En realidad, se trata del signo innegable e irreversible de un cambio, que se produce con independencia de la voluntad, que escapa a la posibilidad de control, y que señala la desvinculación definitiva del mundo infantil.

Así, los sentimientos de ambivalencia son inevitables: la euforia del crecimiento se ve acompañada por la presencia de sentimientos de melancolía y una sensación de soledad hasta entonces desconocida. Esta responde a la separación inevitable y definitiva de la infancia. Estos sentimientos se hacen especialmente intensos en las situaciones, hoy nada infrecuentes, de una menarquía especialmente precoz.

Durante toda la edad infantil el hijo todavía percibe su cuerpo en continuidad con el de la madre, que le nutre, le protege y cuida de él. La llegada de la menarquía en la niña va acompañada de una nueva necesidad de aprender a cuidar de su cuerpo sola, y a soportar las incomodidades y el dolor que pueden aparecer. Por eso es frecuente que, en esta fase, y sobre todo si es pequeña, la hija pueda sentir rencor hacia su madre y pretenda que ella se siga ocupando de su cuerpo como cuando era más pequeña.

A partir de este momento, el aparato psíquico se activa y procura elaborar las transformaciones corporales, para hacerse plenamente con el cuerpo como con algo que se refiere a la propia chiquilla, en primera persona. Es un cuerpo que se va a convertir en *el cuerpo*, el único real, con unas características que no necesariamente coinciden con el deseo o con las imaginaciones infantiles y omnipotentes de perfección. La niña se da cuenta de que carece de control alguno sobre su cambio. Percibe que tampoco sus padres, a quienes hasta hace poco consideraba tan potentes, son capaces de cambiar las cosas o detener aquello que se ha puesto en marcha. La separación es, por eso, inevitable e induce sentimientos de melancolía y soledad.

Todo este proceso se encuentra en la base de la gran vulnerabilidad de la preadolescente, de las continuas oscilaciones de su humor y su comportamiento. A esta edad, la chica todavía no se siente preparada para vivir la aventura de la adolescencia, pero tampoco logra volver atrás, a la tranquilidad inconsciente de la infancia. Esto le provoca incomodidad, incertidumbre, confusión.

Ante estas dificultades, se pueden observar dos formas distintas de defensa psíquica. Por un lado, hay chicas que afirman abiertamente que no quieren crecer, y que intentan sumergirse de nuevo en las actividades y en los juegos que tanto les gustaban muy poco antes. De este modo intentan retrasar, por la negación, la realidad del cambio. Por otro lado, hay chicas que buscan huir de la incomodidad lanzándose de forma brusca al mundo «de los mayores». Estas cambian de comportamientos y actitudes, imitando a los adolescentes, sin que esto corresponda a su verdadero nivel de desarrollo.

En realidad, el pensamiento preadolescente todavía no es como el adolescente, que es capaz de introspección y crítica y que puede enfrentarse a categorías abstractas e hipotéticas. En esta fase intermedia, las capacidades introspectivas solamente están esbozadas y el pensamiento, aunque haya salido de la concreción infantil, todavía funciona según «categorías lógicas» simples, aproximativas. El preadolescente no está en condiciones de trabajar sobre la especificidad de su proprio Yo, sino que se concentra más bien en el paso del mundo familiar y seguro de la infancia a la posibilidad de nuevas pertenencias. El desarrollo de mayores capacidades críticas arroja una luz distinta sobre las figuras de los padres y agudiza la referencia al mundo seguro de los adultos, en un momento en que el pensamiento aún no es capaz de tomar decisiones autónomas.

Por este motivo, es extremadamente fácil condicionar el pensamiento de los preadolescentes, sobre todo cuando el entorno familiar les deja sustancialmente solos y empuja a la autonomía de forma demasiado precoz. Los modelos externos, las modas y las palabras de formulación simple tienen una gran fuerza de atracción para ellos, porque les dan la ilusión de poder responder de forma segura a tantos interrogantes nuevos. Al mismo tiempo, hacen que se vean insertos en un contexto fuerte, que vence sus sentimientos de soledad y desánimo.

Entre estos interrogantes, el que se refiere a la propia pertenencia sexual es fundamental y específico de la edad. En realidad, el inicio de la fase puberal despierta un interés y una sensibilidad especial hacia todo lo que se refiera a la propia situación en la nueva «categoría lógica» que representa el cuerpo sexuado.

El recorrido hacia la heterosexualidad

El primer objeto del amor, tanto en el varón como en la mujer, está representado por la madre. Pero en la niña el amor hacia la madre no encuentra, como le sucede al niño, el obstáculo del padre. Por eso puede desarrollarse de una forma intensa y libre durante todo el curso de la vida infantil y también después.

Es importante recordar que, en todas las fases de la vida de la mujer, el apego a la madre juega un papel determinante, y que muchas vicisitudes de su desarrollo están ligadas a la evolución de esta relación y al reto de su resolución.

A lo largo de esta historia, la preadolescencia se convierte en un momento central, con consecuencias importantes, sobre todo, en lo que se refiere al desarrollo de la identidad sexual. De hecho, la madre no solo es para la niña el primer objeto de un amor muy fuerte, sino que es también el objeto necesario para una buena identificación. Ser como la madre también es ser ella misma, y ser distinta de la madre es el desafío decisivo en el crecimiento de cada mujer. Con la preadolescencia se abre una nueva fase de la relación madre/hija, porque las exigencias de crecimiento, diferenciación y autoafirmación conducen inevitablemente a un aumento de su grado de conflicto.

La ambivalencia relacional resulta inevitable, porque la chiquilla debe hacer frente a un doble desafío. Tiene que separarse de la madre para salir en busca de sí misma y de su propia identidad personal. Pero ha de hacerlo a la vez que mantiene un vínculo lo suficientemente bueno, que haga posible aceptar el parecido a la madre como mujer. Si la relación infantil ha sido suficientemente buena, ambas pueden soportar estas nuevas dificultades sin que se produzca una quiebra peligrosa en la relación.

Toda mujer sigue necesitando del apoyo y la aprobación de su madre hasta que completa su recorrido identitario. En consecuencia, es indispensable que el vínculo no se rompa bajo el aguijón de los nuevos conflictos. Debe ser lo suficientemente flexible como para dejar a la hija espacios de reflexión, de acción y también de conflicto, sin temor al riesgo del retorcimiento o del abandono.

En el empeño de evolucionar hacia una identidad personal, la niña busca nuevas identificaciones y nuevos afectos femeninos, que puedan constituir como un puente entre los vínculos conocidos y seguros de la infancia y el mundo desconocido que se abre ante ella. En este contexto nace aquella configuración afectiva especial y a veces incomprendida que representa la amiga «del alma», tan característica de esta etapa de la vida.

Se trata de un vínculo que es especial y transitorio al mismo tiempo. Tiene una intensidad muy alta, y no se va a repetir en ninguna otra fase de la vida con las mismas características.

Esta relación no tiene todavía todas las propiedades de una verdadera amistad, sino que se configura más bien como una especie de *alter ego* de la chica, con una función transaccional. La amiga del alma es una aliada y un medio gracias al cual se puede hacer frente con menor dificultad al proceso de separación de la madre, una tarea que empieza a presentarse precisamente en esta etapa del desarrollo.

A la amiga se le confían las primeras emociones secretas, los primeros enamoramientos, las primeras turbaciones relacionadas con la esfera sexual. Con ella se pueden compartir las curiosidades y los descubrimientos sobre el cuerpo y el sexo; se puede cerrar una fuerte alianza afectiva, que permite criticar a los padres -incluso con aspereza- sin un excesivo sentimiento de culpa y con la salvaguardia del secreto recíproco.

La amiga constituye también un instrumento electivo en la exploración de sí misma, de los gustos, intereses y deseos. Para la preadolescente, esta alianza da comienzo a esa especie de «laboratorio del pensamiento» entre chicas que va a ser característico de toda la adolescencia, y que constituye una ayuda muy importante en la definición de la propia identidad.

Sin embargo, en esta primera fase los aspectos de revestimiento emotivo y afectivo pueden referirse a una amiga en concreto y tener una intensidad muy alta, sobre todo en situaciones que hacen especialmente difícil la separación de las figuras de la infancia, por motivos diversos. En estos casos las características de exclusividad, fidelidad y secreto, propias de esta relación, hacen que a veces pueda parecerse mucho a un enamoramiento, que para los adultos no es siempre fácil de descifrar ni de guiar en la forma correcta.

Es importante entender que el *pathos* característico de estas relaciones entre amigas, a veces excesivo, no tiene un significado sexual, sino que depende de una condición de inseguridad y fragilidad de la niña, que busca confirmación de su propio valor y consuelo. Su presencia suele ser señal de que los adultos de referencia no representan para ella una orilla suficientemente segura y que, por razones diversas, no han sido capaces de estimular una autoestima satisfactoria.

Interpretar estas relaciones afectivas como signo de una orientación de la identidad en sentido homosexual es un grave error de proyección en el adulto, que puede tener consecuencias sobre el desarrollo posterior. En realidad, nos encontramos frente a un paso que en sí mismo es fisiológico, aunque en casos como este puede verse exasperado y dramatizado por la presencia de dificultades o trabajos anteriores.

Helene Deutsch llega a definir el periodo que acompaña la pubertad de la niña como una «fase homosexual... porque en este periodo el objeto del amor pertenece al propio sexo». En este nudo del desarrollo, la relación con la madre y el esfuerzo del proceso de separación ocupan el centro de los movimientos psicológicos. La niña se puede orientar de modos distintos: «La elección del objeto se expresa de dos formas: la primera está representada por un apego tenaz a la madre... y por una tendencia a obrar un *transfert* de los propios sentimientos desde la madre a otra mujer ideal... la segunda consiste en una relación con una chica y provoca menos conflictos» (Deutsch, vol. I, p. 28).

Muchas veces las primeras tendencias heterosexuales auténticas aparecen precisamente en el mismo periodo, bajo la forma de curiosidad, imaginaciones y experiencias que comparten las dos amigas. De hecho, en esta fase el otro sexo es más fuente de curiosidad que de verdadera atracción. El verdadero placer no consiste tanto en relacionarse con los varones, como en analizar el propio poder de atracción y compartir con la amiga o las amigas más cercanas todos los detalles de la experiencia y todos los matices de las propias emociones. Para las mujeres, la amistad constituye una especie de fragua de pensamientos que giran alrededor del modo de gustar y gustarse. Entre las cosas por explorar juntas se encuentra principalmente lo masculino con su diversidad, que atrae y asusta.

Se produce, entonces, una especie de bisexualidad fisiológica, que representa como una reedición de las antiguas relaciones triangulares de la niña con la madre y el padre. En esta posición, el paso del objeto de amor homosexual (la madre/la amiga) a uno heterosexual (el chico del que se enamora) todavía no se ha completado, porque los afectos oscilan entre el fuerte vínculo con las figuras femeninas de apoyo y la nueva atracción hacia lo masculino, todavía desconocido.

Los desarrollos sucesivos dependerán en parte de la capacidad que tenga el mundo adulto para supervisar estos pasos tan delicados del crecimiento. Como hemos visto, es muy importante no equivocarse en el sentido de los diferentes «enamoramientos», ni los que se producen hacia el masculino, ni los que se orientan al femenino. El interés hacia el otro sexo todavía no se configura como búsqueda de una relación interpersonal plenamente significativa, y debe mantenerse todo lo posible en el plano de la ligereza, evitando las emociones precoces. Por otra parte, la intensidad del afecto hacia una figura del propio sexo no debe cargarse de significados homosexuales estables, si es que no se quiere bloquear el acceso al proceso de crecimiento posterior.

De este modo, la edad de los sueños tiene que seguir siendo eso, rica en fantasías y pensamientos, pero protegida frente a la precocidad de la experiencia y de los impulsos sexuales.

Los preadolescentes, y a continuación los adolescentes, sean varones o mujeres, tienen que aprender de nuevo a soportar los espacios de espera, en los que el sexo es sobre todo una fantasía interesante, cuyo sentido se va enriqueciendo progresivamente. Tener experiencias con la gradualidad adecuada y permanecer el suficiente tiempo en este espacio suspenso es lo que permite ampliar el acceso al pensamiento simbólico: imaginar al otro/a como diferente, desearlo, soñarlo, son en realidad vivencias de una riqueza insustituible que la precocidad en la experiencia sexual amenaza con banalizar.

V.
EL LENGUAJE DEL SEXO

«Desde el punto de vista de amor a la persona... es necesario exigir que, en el acto sexual, el hombre no sea el único que alcanza el punto culminante de excitación, y que se produzca con la participación de la mujer, no a costa suya».

Son palabras tomadas del libro *Amor y responsabilidad*, del entonces cardenal Karol Wojtyla, publicado por primera vez en 1968. Son palabras necesarias, todavía hoy desatendidas con demasiada frecuencia.

Que la relación sexual tenga como corolario natural la experiencia del placer es obvio para el hombre, pero no lo es en absoluto para las mujeres. No lo es para las casadas, aunque quieran a sus maridos, pero tampoco para aquellas que viven historias con hombres de quienes están enamoradas, independientemente de la estabilidad o inestabilidad de su relación.

En el espacio secreto y libre de la psicoterapia, las confidencias de las mujeres sobre su vida sexual, sus deseos, expectativas y desilusiones, abren los ojos a un mundo sumergido, cuyas variantes se repiten con una regularidad significativa. En realidad, dentro de la Babel imperante de las lenguas, el lenguaje de los sexos sigue siendo muy difícil de descifrar, y la profunda diferencia entre hombre y mujer es fuente de numerosas incomprensiones y dificultades recíprocas.

Actualmente, las mujeres dan a su expresividad sexual más valor que en el pasado. Por eso, se sienten por fin autorizadas para expresar su deseo de un intercambio satisfactorio con los hombres. Pero no por eso las cosas son automáticamente más sencillas. De hecho, cada uno de los sexos sigue entendiendo poco la dinámica del otro; muchas veces deja de poner por obra la curiosidad y la paciencia necesarias para dominar un lenguaje nuevo y sustancialmente desconocido.

No obstante, la sexualidad es un aspecto decisivo del matrimonio. Además, constituye un elemento específico y fundante de este: en el matrimonio, el cuerpo sexuado es el lugar personal y secreto en que se produce el encuentro entre el hombre y la mujer. La experiencia compartida de una buena sexualidad representa para ambos el carburante necesario para seguir alimentando su relación.

Conocerse a uno mismo y al otro, también en el sexo, y saber interpretar las especificidades y diferencias es una necesidad, para dar vida a una relación de pareja sólida, que sea base de una familia verdaderamente sana. En ella, el hombre y la mujer constituyen un eje de soporte seguro y estable en el tiempo.

Miradas

En sexualidad, la seducción empieza por la vista: mirar y ser mirados son los dos movimientos centrales de la atracción erótica. Sin embargo, la función de la vista es muy diferente en el hombre y en la mujer. Para el hombre, hay una conexión más inmediata de la activación sexual con la vista: las imágenes que hacen referencia explícita a la sexualidad atraen fuertemente su mirada y despiertan de modo muy directo su impulso sexual, porque activan una respuesta de excitación espontánea, también cuando es involuntaria. Al hombre le gusta mirar a la mujer, y los signos de su feminidad le atraen, le impresionan, encienden su deseo. Muchas veces, el enamoramiento en el hombre empieza precisamente con la atracción de la mirada; cuando se cruza en su campo visual una mujer provocadora y femenina, por lo general el hombre se gira para mirarla, casi sin darse cuenta, y su mirada se ve naturalmente atraída sobre todo por las características más específicamente sexuales de la mujer (pecho, piernas, glúteos).

Como en respuesta refleja, para la mujer ser y sentirse mirada es mucho más importante que mirar. Su interés hacia un hombre y, pasado un tiempo, su capacidad de desearlo también sexualmente, se relaciona con el tipo de mirada del que se siente receptora. De hecho, la mujer desea profundamente encontrar una mirada que le haga sentirse única y que, al tenerla en cuenta, le permita «verse» a través de lo que ve el otro.

Debido a las características de su dinámica sexual, el hombre se ve fuertemente atraído por la pornografía. No es casual que esta haya tenido una difusión tan masiva y ubicua en la era de Internet, hasta hacer prácticamente inevitable cruzarse con ella, incluso para los usuarios con las mejores intenciones. Los varones, jóvenes y adultos, tienen que velar con gran conciencia y decisión para no caer en la trampa envilecedora de la pornografía en la red. Como ilustra Alberto Pellai en una conversación simulada entre padre e hijo adolescente: «Rechazar el porno en la propia vida es una cuestión que se presenta diariamente, también para los adultos... Los hombres somos así: en cuanto vemos algo nos excitamos. Y la excitación es agradable y da placer» (Pellai, p. 94).

Pero la mirada que propone la pornografía ve al otro únicamente como objeto de placer; no como una persona con la que establecer una relación.

El tipo de mirada que atrae y activa a la mujer está, en cambio, muy distante de la pornografía. Creo que se puede afirmar que el eros femenino es estructuralmente antipornográfico: la pornografía (visual, pero también verbal y gestual), que estimula fácilmente la sexualidad masculina, tal vez pueda excitar superficialmente a una mujer, pero apaga en lo profundo el auténtico deseo. En efecto, lo pornográfico transforma al otro en *objeto*, mientras que la necesidad más profunda de una mujer, lo que puede realmente hacerla capaz de entrar plenamente en la dimensión erótica, es sentirse *sujeto*. Es lo que encuentra precisamente gracias a la mirada amorosa de un hombre que, al desearla y respetarla, le restituye por completo el sentido de su propio valor.

«Yo valgo y soy amada», «yo sé suscitar deseo», «yo soy guapa, capaz de atraer la mirada y la atención del otro»: son las cosas que una mujer desea percibir en la forma en que un hombre le mira.

El deseo de encontrar confirmación del propio valor femenino en la mirada de un hombre es muy importante en la vida de una mujer desde la infancia, cuando la niña busca confirmación en la mirada de aprobación de su padre. Este mismo deseo está en el origen de los juegos de seducción, que desde la pubertad empujan a las chicas a tratar de suscitar en el otro-varón las huellas de un interés que pueda confirmar su potencial.

Se trata de una modalidad que al principio tiene carácter lúdico. Precisamente por esto, casi siempre se pone en acto con la mediación del grupo de amigas. Su principal objetivo es analizar la respuesta masculina al caleidoscopio todavía por definir de la propia imagen: a las chicas les gusta vestirse, maquillarse, ser cortejadas un poco, poner a prueba su encanto. Después quieren hablar con las amigas de lo que han sentido y de lo que imaginan haber suscitado en el mundo masculino. Desafortunadamente, y sobre todo por falta de vigilancia de los adultos, hoy en día es frecuente que las preadolescentes elijan un modo de presentarse (en el arreglo, en el lenguaje y las actitudes) que resulta excesivo y provocador. Por lo general, ignoran su verdadero efecto sobre la sexualidad masculina: la sexualidad del varón es un mundo todavía desconocido sustancialmente para las jóvenes, y a su aparente desparpajo corresponde casi siempre una escasa capacidad de comprender realmente el tema.

En realidad, durante toda la primera adolescencia, y frecuentemente también después, las mujeres ignoran el modo en que el varón experimenta y desea el sexo, porque su sexualidad está ligada a percepciones más difusas, situadas solo parcialmente en la zona genital. Por eso, la fuerza específica que tiene el deseo masculino solo es resultado de un conocimiento indirecto, respecto al cual no son capaces todavía de tomar las necesarias distancias.

Será necesario el tiempo y el desarrollo de un recorrido de maduración para que la chica convertida en mujer se sienta preparada para desear realmente la sexualidad penetrativa del hombre.

No obstante, y por desgracia, actualmente es muy frecuente que el chico, por su parte, no entienda correctamente la modalidad desenvuelta con la que se presentan muchas de sus contemporáneas. La interpreta como deseo y disponibilidad sexual, que son reflejo de su propia necesidad/deseo.

La consecuencia de esto es una creciente precocidad de las experiencias sexuales, que se ven reducidas a un puro desahogo instintivo y/o afectivo, empobrecidas y banalizadas tanto para el varón como para la mujer, por falta de un significado suficientemente maduro en el plano simbólico.

Estas experiencias tienen consecuencias especialmente graves para las chicas, que muchas veces acceden al deseo sexual masculino sin sentir siquiera un verdadero placer, sino con el solo fin de recibir una contraprestación totalmente efímera: la satisfacción narcisista de haberse sentido elegidas, vistas, preferidas.

Esa satisfacción es más aparente que real, porque en situaciones como estas no suponen un reconocimiento de su «persona» entera, como esperaban, sino un simple reconocimiento de su sexo. Por eso, tienen la experiencia de ser intercambiables, y esta es fuente de una sensación de grave desvalorización en el plano narcisista.

Precisamente por esto, al contrario de lo que creen muchos adultos de hoy, la precocidad de las experiencias sexuales no asegura en absoluto el acceso a un placer sexual pleno en la vida de la mujer adulta. Lo que de verdad ayudaría a la chica que está creciendo es que se le anime a tomar conciencia y posesión de su cuerpo sexuado de forma progresiva, porque así se vuelve más segura de sí misma y del valor de su feminidad. Solo esta serena conciencia le permitirá después elegir libremente y en el momento oportuno al hombre hacia el que dirigir su deseo.

Equívocos

A., estudiante de 22 años, me trae a la sesión de consulta el relato de este episodio.

«Me ha llamado por teléfono M., un compañero de universidad. Es un chico que me gusta un poco, pero había decidido dejarlo pasar, porque tiene novia. Me ha pedido salir junto con otros amigos y le he dicho que sí, porque sentía curiosidad de volver a verle.

»Pero cuando vino a buscarme me di cuenta de que estaba solo: dijo que nuestros amigos habían cambiado de plan en el último momento. Me sentí un poco desplazada, pero él parecía realmente contento de verme, así que decidí seguir con el juego: la noche fue divertida, hablamos mucho y de muchas cosas y yo me sentía contenta. Pero cuando llegó el momento de llevarme a casa, M. ha seguido el camino de colinas, diciendo que quería llevarme a mirar las estrellas desde el Belvedere; después ha parado el coche y ha empezado a besarme y a tocarme.

»Me sentí muy mal: traté de decirle que no me apetecía, que tiene a otra, pero él seguía repitiendo que le gusto demasiado y que algo de la culpa es mía, porque soy tan atractiva, y por eso me desea tanto. No conseguí detenerle: me sentía confusa, desorientada, contradictoria y no sé qué más. Le dejé, aunque en el fondo no quería, o en realidad no lo sé...

»Al volver a casa me sentía mal de verdad. He pensado que soy una persona falsa: ¿no debería estar contenta, viendo que me prefiere a otra? En el fondo, siempre he pensado que me podía gustar M...».

Al escuchar este relato he sentido resonar en mi mente los ecos de muchas historias muy parecidas. Son muchas, demasiadas, las chicas y las mujeres que se pueden reconocer en esta historia, ya sea por el tipo de situación o por las emociones contradictorias que describe A. Mientras la cuenta, algunos días después del hecho, A. todavía se siente confusa, indecisa entre la sensación de haber sufrido una forma de prepotencia y la de tener que sentirse agradecida por la decidida expresión de deseo sexual del varón, que le parece como una confirmación placentera de su propio potencial seductor y un signo de preferencia y predilección por ella. Se siente airada por su propia incertidumbre, culpable por no haber sabido reaccionar, pero al mismo tiempo se pregunta si no tendría que sentirse halagada por lo sucedido y si no hubiera sido mejor (más «normal») llegar a disfrutar de aquel momento que, por el contrario, ha padecido en una especie de parálisis de la voluntad. No sabe hacer un juicio de valor sobre lo ocurrido, sobre el comportamiento de M. ni sobre el suyo mismo.

Parece que algo impide a A. ponerse tranquilamente de parte de sí misma, de entender lo que *ella* quería y quiere realmente, legitimar su *propio* deseo y aprender a hacer que también el hombre lo respete serenamente. El hecho de suscitar el deseo de un hombre le impide tener esta claridad y la sitúa en una extraña condición de deuda: ser deseada resuena en ella como una especie de reconocimiento de su valor, que le parece exigir una recompensa; pero simultáneamente se le presenta como algo de lo que debe sentirse culpablemente responsable.

Un episodio como este ilustra bien un equívoco muy común entre el hombre y la mujer, que afecta al modo de interpretar el deseo y sus movimientos.

Para el varón, el deseo sexual no es directamente proporcional a la cantidad y calidad del amor que siente, como es el caso de la mujer. En realidad, el varón puede sentir un intenso deseo sexual sin implicaciones afectivas, algo que la mujer no conoce ni siquiera como posibilidad, sobre todo cuando es joven.

Para las mujeres siempre es el amor y/o el interés en una relación personal el elemento que activa y justifica la sexualidad. Por esto, sobre todo las chicas más jóvenes y menos expertas tienden a confundir el deseo masculino en cuanto tal con un signo de interés y de posible amor. Las palabras que el hombre usa muchas veces en estas situaciones («te deseo» / «no puedo vivir sin ti» / «si no te acuestas conmigo haces que me sienta mal») desata una compleja serie de sentimientos y emociones que pueden empujarlas a decisiones poco libres. Esto es mucho más probable cuando, como sucede con demasiada frecuencia, esa chica o esa mujer no ha completado en su historia personal un buen recorrido hacia la justa autoestima y el reconocimiento adecuado de su valor personal.

Como he recordado en los primeros capítulos, para alcanzar una buena autoestima y un correcto equilibrio narcisista son necesarios, en primer lugar, el amor y la estima de las figuras primarias, que sirven de fundamento a la imagen en construcción de la niña. Pero sabemos bien que esto es fruto, en su historia, no tanto de una elección cuanto de hechos afortunados.

¿Qué hacer, entonces, cuando nuestra historia no ha sido buena?

El primer paso siempre es concienciarse. Después, es necesario convencerse de que no hay remedio para las antiguas heridas. Pero tampoco se puede alcanzar una buena autoestima mediante la repetición de experiencias de sexo sin amor, que solo sirven para confirmar nuestro parcial poder de atracción, pero no el valor de nuestra persona en su conjunto.

La mujer alcanza una buena madurez personal cuando puede decidir serenamente, con libertad plena y consciente, si dice sí o no al deseo del hombre, y cuando es capaz de dejarse elegir por aquel a quien ella elige. La capacidad de amar que tiene el hombre se consolida, en cambio, cuando aprende progresivamente a controlar el impulso, que así se transforma en deseo y se puede dirigir por entero y con fuerza a un solo «objeto», al que tener en cuenta en su integridad; es decir, como sujeto y persona.

Por tanto, la mujer con autoestima no tiene ninguna prisa en «malgastar» su virginidad. Al contrario, considera que es un don importante, destinado a un hombre capaz de apreciar plenamente su valor.

Creo que se puede afirmar que la mujer que ha alcanzado un buen equilibrio narcisista puede acompañar al hombre, y muchas veces guiarle, en este recorrido de modulación progresiva del impulso hacia el deseo. Es capaz de hacerlo gracias al amor y al respeto que tiene hacia sí misma, y a la posibilidad que esto le ofrece de dar plena legitimidad a los tiempos de su *propio* deseo.

La experiencia del placer

A nivel erótico, el deseo más profundo de la mujer se encuentra en el centro de sí misma, allí donde puede percibir la presencia misteriosa de aquel lugar cóncavo, hecho para contener y acoger vida.

Pero para la mujer no resulta fácil adquirir plena conciencia de su sexo, ni de su valor de complementariedad y reciprocidad con el varón, total y positiva. Su primera percepción del yo sexuado es, como se ha dicho, la de una carencia.

Para el pensamiento concreto del niño, solo existe realmente lo que se ve y se puede nombrar. Pero en el lugar de algo (el pene) que se ve, la niña no tiene «nada», y al lugar de ese «nada» muchas veces le falta hasta un nombre. La herida narcisista unida a este descubrimiento es evidente en todas las niñas, y su superación constituye un paso decisivo para el desarrollo de una buena sexualidad adulta. La niña, que se encuentra insegura ante el descubrimiento de la diferencia, necesita en ese momento sentir que su condición femenina responde en primer lugar al deseo y a la aprobación del padre, porque es el representante adulto (y por eso autorizado) de aquella masculinidad que «tiene» y de la que ella es diferente.

Es necesario que esta aprobación sea explícita (es decir, unida a palabras y actitudes de aprecio hacia su condición femenina) pero también ha de ser implícita, es decir, ligada a la observación del amor y del respeto que muestre concretamente el padre, a ella y a la madre, que es mujer también. Al mismo tiempo, la niña se confirma en su identidad cuando observa también en la madre el placer y el orgullo de su propia feminidad.

Cuando la condición femenina, igual a la madre, se percibe como valor, entonces la niña se apoya en esa imagen y traslada su atención a los atributos visibles de la madre. En primer lugar, hacia el seno, elemento precioso porque ha aportado el alimento, que se puede ver y tocar, y que la niña puede imaginar que poseerá en un futuro, como su madre.

Junto al seno, adquieren valor todos los atributos externos y visibles del cuerpo. El cuerpo de la niña se convierte así en un cuerpo erótico y se reviste de fuertes matices narcisistas: la pequeña mujer quiere sentirse guapa y ser reconocida como tal, sobre todo por las figuras masculinas (padre, hermanos, compañeros) cuya mirada y aprobación explícita busca. Aquí está el origen del gran placer que manifiestan las niñas al vestirse y arreglarse, para aparecer como pequeñas princesas. Por desgracia, sabemos bien que el mundo adulto explota muchas veces este deseo natural de las niñas con fines comerciales, sin tener en cuenta el equilibrio que hace falta para no transformarlas en una caricatura de sí mismas.

Esta concentración de la sensibilidad en la superficie corpórea deja en la sombra y durante mucho tiempo la percepción del interior misterioso del cuerpo. No es más que una percepción clara, distinta e inmediata, pero también es fuente de sensaciones difíciles de definir. La niña sabe que tiene «un agujero y un botoncito» y al explorar su cuerpo descubre que aquel botoncito (el clítoris) es fuente de sensaciones agradables. Pero el interior de su cuerpo (lo que hay dentro y más allá del «agujero») no recibe inicialmente un valor como potencial lugar erótico. En cambio, su valor se vincula a otro descubrimiento importante, que es el de la maternidad: el interior del cuerpo de la madre (y, por tanto, en el futuro, el suyo) es el lugar que puede contener a los niños.

Los efectos de este descubrimiento son múltiples: es fuente de orgullo, suscita curiosidad, activa muchas sensaciones, pero simultáneamente provoca un sentido de alarma, porque hace estallar imaginaciones vagas, a un tiempo excitantes e inquietantes, sobre la entrada y la salida del niño del cuerpo de la mujer.

Así, mientras que el varón empieza muy pronto a identificar en el pene el lugar en que convergen y se concentran claramente sus energías sexuales, para la mujer el verdadero descubrimiento del sexo en todo su significado es progresivo y nada simple. En ella, la función materna y la erótica se integran con dificultad en una experiencia unitaria del yo. Con todo, el placer femenino más completo solo es posible cuando la mujer puede erotizar su cuerpo desde la superficie a la profundidad, abriéndose plenamente a la penetración del hombre.

El orgasmo femenino es muchas cosas: una experiencia múltiple, con niveles de placer distintos y progresivos. No obstante, la posibilidad de gustarlo en plenitud depende de que la mujer pueda dar al hombre un acceso realmente completo a su yo físico, psíquico y afectivo.

Para que se pueda producir un orgasmo profundo y plenamente satisfactorio, es necesario que la mujer sea capaz de disminuir el nivel de control que ejerce sobre sí misma. Es decir, la auto-observación debe ceder el puesto a un progresivo abandono en el otro. Este tiene su traducción física en una relajación total de la musculatura y una concentración de las sensaciones en el área vaginal, del exterior al interior, para pedir con intensidad creciente la experiencia de la penetración.

La excitación del clítoris, la parte más externa del aparato genital femenino, conlleva un aumento de las secreciones mucosas y tiene como función el aumento de la disponibilidad vaginal, que con esa excitación se prepara y se acentúa. Sin embargo, es frecuente que ni las mujeres sepan que el orgasmo del clítoris, unido a la estimulación local, aunque sea una experiencia agradable, no puede aliviar totalmente la tensión sexual. Al contrario, se trata de una experiencia insuficiente en sí misma, porque le falta aquella plenitud y profundidad que dan a la mujer un verdadero bienestar.

Para poder ir más allá de este alivio parcial e incompleto, la mujer tiene que abandonar temporalmente el modo de funcionar que le es propio, porque lo ha adquirido a lo largo de su educación. En efecto, durante todo el recorrido educativo, la chica trabaja su aceptación social, invirtiendo mucho en su aspecto exterior y en las formas de comportamiento. Así se entrena para tener un control constante del cuerpo y se acostumbra a mantener siempre alta la atención hacia los demás: hacia lo que les muestra de sí misma y hacia las reacciones que su ser y su hacer suscitan en ellos. La mujer tiene siempre una percepción muy acentuada de ser vista, y responde a esta mirada real o imaginaria del otro con una acentuación del control sobre sí, precisamente a partir de la actitud postural del cuerpo.

He aquí entonces que el «dejarse llevar» físico/psíquico necesario para el orgasmo profundo puede resultar para ella un paso incluso muy difícil; como recuerda Françoise Dolto, para la mujer son necesarios «el abandono del cuerpo y el abandono del narcisismo, que es condición del gozo», pero «por poco que las emociones del corazón o del sexo de la niña hayan sido, en la infancia, objeto de ridiculización o de broma… el peligro del don de sí se asocia inconscientemente en la mujer a la pérdida de su valor», haciendo así que para ella sean muy difíciles de alcanzar las condiciones físicas y psíquicas necesarias para un placer sexual completo (Dolto, p. 216).

La primera vez

La experiencia de la primera relación sexual es compleja para ambos sexos, aunque por motivos distintos y también de modos diferentes. Se trata a todos los efectos de una experiencia de iniciación, aunque el mundo actual tiende a banalizarla, en muchos casos porque la reduce a una especie de «tarea» que se ha de realizar lo antes posible, para quitarse de en medio el problema de la virginidad y acceder a una pretendida sexualidad libre y lúdica.

No obstante, y de cualquier forma que se quieran plantear las cosas, es innegable que la primera relación sexual tiene, sobre todo desde el punto de vista de la mujer, un valor simbólico inconsciente muy fuerte, porque está unido a la modificación física concreta e irreversible del desfloramiento.

El cuerpo de la mujer está estructurado de forma que su sexo esté protegido físicamente. Simbólicamente, esta protección configura la existencia de algo precioso, delicado y especial en ella, que no está a disposición de todo el mundo. Aunque actualmente se suprime de muchas conciencias, también hace que el encuentro sexual no sea un gesto banal, porque hay un vínculo fuerte y directo entre el sexo y la capacidad de engendrar: el cuerpo de la mujer protege con el himen su propio espacio interno, que es potencialmente generativo. Más que el hombre, la mujer «*sabe*» esta verdad y no puede olvidarla nunca, ni siquiera cuando lo desea: siempre y en todo caso debe ocuparse o pre-ocuparse de la vida que podría germinar en ella como consecuencia del encuentro con el varón.

Para acceder por vez primera a este espacio interno es necesario que el hombre obtenga la colaboración de la mujer, pero también hay que «forzarla»: para superar el obstáculo previsto por la naturaleza tiene que vencer una resistencia que es física y psíquica al mismo tiempo.

En una revisión de los autores que han tratado el tema desde el punto de vista de la experiencia psíquica, impresiona encontrar que la mayoría relaciona el desfloramiento con un «acto de estupro», tanto para la psique masculina como para la femenina. Para el hombre, penetrar a la mujer provocándole dolor puede despertar viejas vivencias agresivas inconscientes, y suscitar una sensación de temor que le dificulta encontrar el equilibrio entre fuerza y ternura. Para la mujer, la inevitable experiencia de un dolor físico asociada a un acto del que se espera placer provoca una profunda ambivalencia, en la que se entremezclan el deseo de ser dominada por el hombre y la resistencia a rendirse a él.

La primera relación sexual incluye siempre, al menos en el inconsciente, también la vivencia de una violación. Las consecuencias de esta experiencia para la vida sexual de la pareja van a variar completamente según el contexto relacional y afectivo de la experiencia misma.

Para que la primera relación sexual constituya una experiencia positiva, tanto para el hombre como para la mujer, que dé comienzo a un buen entendimiento sexual y afectivo, es necesario lograr que ambos la vivan con una consciencia serena.

En primer lugar, es importante saber que no es verdad en absoluto, que el principal deber del varón sea demostrar una gran virilidad y una gran competencia técnica. Es posible que lo piensen muchas personas, sobre todo hombres. Pero la primera relación sexual también es psicológicamente difícil para él, porque se siente sometido a prueba en una tarea que muchas veces sobrevalora y hacia la que alimenta muchas expectativas.

Hoy más que nunca, cuando la sexualidad se vive como prestación, supone una prueba para el varón y su equilibrio narcisista. Le hace muy vulnerable el hecho de que sus genitales sean externos y visibles, y el de que su deseo tenga que traducirse en una buena erección, para tener la suficiente capacidad de penetración. Desde niño, el varón se siente más llamado que la mujer a «demostrar» su valor, que quiere hacer de alguna forma cuantificable, mesurable. Por eso, la forma y las dimensiones del pene constituyen para él una fuente de frecuentes dudas y dificultades. El temor al fracaso en la prestación, y a la vergüenza consiguiente, pueden llegar a ser profundos y muy molestos: para un hombre, a diferencia de una mujer, es imposible simular el placer.

El hombre que quiera tomarse el tiempo para conocer algo mejor la psicología femenina y las modalidades del deseo y del placer en la mujer, descubrirá que la mejor sexualidad de pareja se aprende juntos, progresivamente, sin prisa, a medida que se adquiere confianza recíproca y se conocen los ritmos, tiempos y modalidades de uno mismo y del otro. De este modo se evita concentrar la atención en la propia representación, y se hace concreto el deseo de la mujer y el placer de hacer que se sienta realmente amada. Así el varón puede expresar mejor su propia potencia, también sexual. Al mismo tiempo, el deseo que el hombre tiene de ella, unido a su capacidad de hacerle sentir amor y ternura, también con palabras, ponen a la mujer en la mejor condición para abandonarse progresivamente a él y le permiten vencer la resistencia a la penetración.

Lo importante es que el hombre y la mujer se amen de verdad, tanto como para poder fiarse uno de otro. Ambos, pero sobre todo la mujer, han de creer que en el sexo se hace la experiencia de la confianza más profunda.

Escribe Françoise Dolto: «El don del propio cuerpo a un hombre en el coito es, para una mujer que asume su plena responsabilidad sexual, un don mucho más importante que aquel que le da el hombre» (Dolto, p. 75). Por este motivo, lo que permite principalmente que la mujer tenga una vivencia positiva de esta experiencia es que el hombre comprenda la entidad de su don y sea capaz de expresar el reconocimiento. El amor, y no la inhibición, es el elemento capaz de conducir al hombre al control sano de su pulsión sexual: amor que quiere decir espacio para las exigencias del otro-mujer, respeto a sus tiempos, y garantía de ese contexto de confianza que ella necesita para experimentar el placer con él.

¿Qué tiene que saber un hombre?

A partir de lo que se ha dicho hasta ahora, se reconoce que la sexualidad de la mujer es más compleja que la del hombre, y que en ella intervienen, de forma consciente o inconsciente, numerosas variables psicológicas y afectivas. Esta es una de las razones por las que su disponibilidad al sexo está más claramente influida por las variables relacionales (la calidad de la relación en ese momento, la posible presencia de tensiones u hostilidades) que en el caso del hombre. También es así por todos esos elementos de contexto (cansancio físico, preocupaciones, pensamiento en los hijos) que pueden interferir con la relación, y sobre todo hacer que sea imposible aquel abandono de la mente y del cuerpo que ella necesita.

¿Pero cómo puede comprenderla el hombre? Para él, la buena sexualidad necesita acción y fuerza, que se concentran en el pene y en su capacidad de penetración. La presencia de hostilidades o de tensiones en la pareja no impiden necesariamente su deseo sexual; es más, a veces la relación le sirve precisamente para superar la tensión. Como el hombre vive el sexo parcialmente desvinculado o, en todo caso, desvinculable de los afectos, no deja de desearlo en situaciones que lo hacen poco deseable para la mujer. Al mismo tiempo, este acceso más directo y fácil a la excitación puede permitir que también la mujer se abandone en el hombre, se deje excitar por él, sin tener que preocuparse demasiado por excitarle.

Es muy fácil y frecuente que en las parejas se produzcan incomprensiones recíprocas. Por ejemplo, a veces el hombre usa con la mujer palabras y modos de contacto demasiado «activadores», como una aproximación demasiado brusca y directa a los genitales, o palabras directamente sexuales o afectuosamente vulgares; ignora que para ella pueden constituir un obstáculo, igual que pueden serlo la pornografía y todo lo que produzca una excitación demasiado veloz y superficial.

Por el contrario, la mujer necesita deslizarse en una pasividad progresiva, en el abandono confiado a la acción del hombre, para llegar a percibir el espacio dentro de su cuerpo, que se vuelve poco a poco acogedor y le llama. Por eso, al principio necesita sobre todo gestos de ternura, que consisten en acariciarla y besarla teniendo en cuenta la sensibilidad erótica difusa de su piel, hasta que desaparecen las tensiones y resistencias. Se concede entonces al hombre un acceso más directo a su sexo.

La fragilidad narcisista del hombre, a la que se hacía referencia en el epígrafe precedente, supone otro de los posibles obstáculos en el camino hacia una buena sexualidad de pareja. Un hombre frágil desde el punto de vista narcisista busca constantemente la confirmación de su propia valía, también sexual, de la que duda también inconscientemente. Esto le lleva a interpretar el sexo como un modo de permitirle *a él* principalmente experimentar su poder, por medio del gozo. De este modo, en la relación sexual prevalece el sentido de una experiencia que ha de confirmarle su valor y su adecuación, mientras que las variables afectivas y relacionales quedan en un segundo plano, así como la verdadera atención al placer de la mujer. Este tipo de hombre se concentra principalmente en su proprio funcionamiento, en lugar de concentrarse sobre todo en la relación y en la mujer que está con él.

A su vez, la mujer que ama a este hombre y percibe su fragilidad tiende a asumir inconscientemente una postura maternal hacia él. Si es excesiva, para ella se vuelve «anti-erótica». Como se señalaba en un capítulo anterior, un equilibrio afectivo suficientemente bueno permite que la mujer reúna en sí misma lo maternal y lo erótico. Pero el exceso de maternidad es disfuncional para la relación sexual, porque para la mujer es imposible abandonarse a un hombre cuando siente el deber de ayudarle igual que haría con un hijo.

El hombre que, sin culpa, siente en sí mismo este exceso de fragilidad (que a su vez puede ser fruto de una historia cuyo protagonista suele ser un padre ausente y/o poco viril) tiene que tomar conciencia y buscar el soporte narcisista que necesita en otro ámbito distinto del sexo. Puede y debe trabajarse a sí mismo para descubrir o redescubrir el significado y el valor de su condición masculina y su valor personal.

Como hombre, tiene que recuperar la conciencia de su poder de fecundar, como donante del semen de vida, portador de la capacidad de transformar a la mujer que ama en una madre, que es el máximo don. Debe redescubrir el orgullo de esta buena conciencia y atesorarlo para llegar a ser plenamente adulto.

Además, necesita saber que la autoestima, que tiene su base en las experiencias de la vida infantil, no es un dato definitivo ni inmodificable. Es posible reforzarla a lo largo de toda la vida, poniéndose a prueba, esforzándose, actuando en el mundo, sin esconderse tras la pereza o excusas inútiles.

Por último, el hombre tiene que aumentar su consciencia de lo importante que es el lenguaje para la mujer, y superar la dificultad y la resistencia que encuentra con frecuencia para expresar, también con palabras, su amor hacia ella. Las palabras tienen el poder de hacer que las cosas existan, de darles forma y consistencia. Una mujer, mucho más que un hombre, siente que existe gracias a las palabras que la definen. Como se ha dicho ya, es un proceso que empieza en la infancia, cuando la niña espera que el padre y la madre la legitimen, y se esfuerza por encontrar esa legitimidad en sus comunicaciones, explícitas e implícitas.

En la vida adulta, y concretamente en la relación con el hombre, la necesidad de palabras vuelve a presentarse con fuerza, porque la mujer busca en la experiencia del amor sexuado con el otro-varón eso que aún le falta en el conocimiento de sí misma.

Escribe Françoise Dolto: «Por muy preparada y educada que pueda estar una mujer joven en cuanto a la futura relación sexual con el hombre al que ame y desee, van a ser precisamente las palabras de este hombre durante la relación lo que le revele realmente a sí misma... en cambio, si faltan las palabras, el deseo de la mujer hacia el hombre se apagará con esta ausencia... Si la unión de los cuerpos no va acompañada por una unión de los corazones, por un lenguaje de valoración estética y emotiva, para la mujer se trata de una desunión, en el sentido humano del término» (Dolto, pp. 120-121).

El intercambio de palabras es un signo de la reciprocidad en el deseo y en el amor. Eso hace que el sexo sea plenamente humano.

VI.
RELACIONES EN FEMENINO:
ENTRE ENVIDIA Y SOLIDARIDAD

Las relaciones entre mujeres son complejas. Es frecuente que estén cargadas de una intensidad desconocida para el mundo masculino. Las mujeres que, por cualquier motivo, comparten el mismo ambiente se pueden amar y odiar, o aliarse y enfrentarse; pero es muy raro que se ignoren mutuamente.

Ya a partir de la edad de la guardería, y después en los años de la infancia y la adolescencia, se puede observar que las dinámicas de relación entre mujeres son mucho más complejas de las que se producen entre varones.

Desde que son muy pequeños, los hombres tienden a crear alianzas entre ellos, que se basan en actividades y objetivos compartidos, y que espontáneamente adquieren una configuración jerárquica en las situaciones de grupo: establecen la posición de liderazgo según parámetros de tipo prevalentemente «cuantitativo», como la altura, la fuerza física o la superioridad que manifiestan en pruebas de habilidad o destreza, y tienden a respetar a quien se muestre superior, buscando con él una alianza. Una vez que se han «tomado las medidas», el grupo masculino tiende a definirse y a permanecer estable, con roles y posiciones fijas.

Las pequeñas mujeres actúan de forma distinta: el centro de sus alianzas es compartir pensamientos, confianzas y fantasías, que sirven de guía a un estar juntas no tan abiertamente jerárquico.

Las niñas se observan y se enfrentan, y se eligen en base a características más «cualitativas»; la compañera preferida es muchas veces aquella con más habilidad social, capaz de atraer la simpatía y la confidencia de las demás, más que de imponerse con un liderazgo directo. La niña que quiere imponerse con modalidades cuantitativas (por ejemplo, ser la más inteligente o la más guapa), normalmente no obtiene la aprobación del grupo, y aunque se le pueda temer o adular, es frecuente que su posición sea marginal y poco querida. A diferencia del grupo masculino, el femenino se manifiesta más magmático y en continua definición: en efecto, en su interior las alianzas son mudables y están sujetas al cambio.

Durante muchos años, por lo menos hasta el final de la adolescencia y de la primera edad adulta, la relación con las amigas es decisiva para la construcción de la identidad femenina: tiene fuertes implicaciones, es fuente de placer y bienestar, pero también de un sufrimiento que puede ser muy intenso. Es un campo fundamental en el que entrenar las propias capacidades para conocerse, y también para hablar, escuchar, o tejer relaciones.

Pero en este ámbito tan central para la experiencia femenina se esconde una poderosa insidia, que es fuente de conflictos y origen de dificultades. Se trata del sentimiento de envidia, verdadero enemigo de la relación entre mujeres: un peligro sutil, una presencia invasiva pero muchas veces desconocida y negada porque es desagradable reconocerla, sobre todo dentro de uno mismo. La envidia genera una conflictividad que muchas veces es secreta, pero que ataca y empobrece las relaciones desde dentro. Es un sentimiento corrosivo, indirecto, desagradable no solo para quien lo paga, sino en primer lugar también para quien lo siente, a veces sin siquiera reconocerlo como tal.

La envidia

¿Pero qué es la envidia?

Según la psicoanalista Melanie Klein, que ha dedicado al tema una importante publicación, la envidia es «un sentimiento de rabia debido a que otra persona posee algo que deseamos y de lo que ella goza. El impulso envidioso mueve a quitarla de en medio o hacerle daño. Además, la envidia implica una relación con una sola persona, que se puede reconducir a la primera relación exclusiva con la madre» (Klein, p. 17).

Se trata de una definición psicológicamente muy precisa, que describe el sentimiento envidioso y al mismo tiempo lo remonta a su origen. Lo vincula a las vicisitudes de la relación que cada uno de nosotros tiene con el primer objeto de su amor: la madre.

Es interesante recordar también que la tradición ha situado la envidia entre los siete vicios o pecados capitales, así llamados «porque generan otros pecados, otros vicios». Por tanto, se trata de una actitud que, si se sigue, es capaz de modificar profundamente el modo de situarse en las relaciones. Puede insinuarse de forma compleja, alterando la valoración que cada uno hace de su propia posición y de la del otro.

¿De qué hablamos cuando hablamos de envidia? ¿Cómo podemos definir a la persona envidiosa? ¿De qué modo se entrecruzan el conocimiento psicológico y las implicaciones morales?

Para responder a esta pregunta es muy importante prestar mucha atención a las palabras. Klein describe la envidia como un «sentimiento de rabia»: de este modo, la define en primer lugar como una emoción, un movimiento de la sensibilidad, una pasión. En sí mismas, las pasiones no son buenas ni malas, mientras no se secunden voluntariamente.

En la medida en que se trata de sentimiento e impulso, la envidia, en cuanto tal, todavía no se puede considerar vicio ni pecado. Pero «tiende a quitar de en medio o dañar» eso que el otro posee, y que yo creo no tener. Por este motivo, si no se reconoce, entiende y acomete, el sentimiento envidioso puede empujar al cultivo de pensamientos de hostilidad, o a poner por obra comportamientos más o menos abiertamente destructivos hacia el objeto envidiado.

Así, la envidia es una inclinación del ánimo que tiene su origen en las situaciones históricas de la persona, con grados diferentes de intensidad. Solo se transforma en vicio en la medida en que se cultiva, y en la medida en que actúa después para hacer daño al otro. Cuando esto no se produce, el sentimiento de envidia es también muy doloroso para la persona que lo vive, porque nace de una angustia de exclusión, antigua y profunda, que se reactiva cuando algo presente vuelve a traer al alma la misma sensación dolorosa, aunque sea inconsciente.

¿Pero cómo explicar la existencia de este sentimiento, y en qué sentido se puede relacionar, como afirma Klein, con la experiencia de la relación entre el bebé y su madre?

La respuesta se puede intuir si se considera la desproporción de recursos y capacidades que existe en la relación de un bebé muy pequeño con su madre. El bebé vive a su madre como una entidad omnipotente de la que depende su supervivencia, porque la madre dispone a su gusto de la posibilidad de darle alimento, seguridad, alivio de todo mal o, por el contrario, puede abandonarlo, y dejarlo en la angustia y en total necesidad.

La asimetría de poder y posición entre el recién nacido y la madre constituye la fuente de una idealización de la madre por el pequeño, que ve en ella la detentora absoluta de toda la riqueza y la capacidad.

Debido a la inmadurez de su estructura psíquica y cognitiva, el recién nacido no está en condiciones de prever si y cuándo se le dará lo que necesita. Solo una repetición regular de las gratificaciones adecuadas permite que se desarrolle progresivamente en él la confianza en que existe un objeto bueno, capaz de dar con generosidad y hacia el que puede sentir gratitud.

Pero ni siquiera la más atenta y amorosa de las madres es capaz de evitar del todo que exista una discrepancia entre el deseo de bienestar total del recién nacido y la nueva realidad que se le presenta tras el nacimiento. En el vientre de la madre, el niño siempre tenía a su disposición todo lo que le hacía falta, y lo recibía sin necesidad de pedirlo. En cambio, el recién nacido no solo tiene que aprender a pedir, sino también a esperar que su madre entienda lo que él necesita, y le responda de forma coherente y adecuada. Por eso, la frustración es inevitable, y con ella la experiencia de un primer sentimiento rudimentario de envidia en la criatura, que se ve impotente frente a aquella que lo puede todo.

Si después el pequeño tiene experiencia de cuidados inadecuados, irregulares, inconstantes o proporcionados con demasiada ansiedad, se generan en él sentimientos particularmente intensos de frustración y angustia, acompañados por una profunda rabia hacia el objeto-madre. Estas situaciones pueden responder a los motivos más dispares, no siempre dependientes de la voluntad de la madre. Pero el sentir del niño es que ella posee todo lo que él necesita y desea, pero se reserva esas riquezas para ella, mientras le deja solo y privado de lo que le hace falta. Las experiencias de necesidad y de privación aumentan la avidez y crean angustia, además de que son fuente de una rabia impotente contra un objeto vivido como omnipotente, que posee todo y no da nada.

Este tipo de reconstrucción histórica de las primeras situaciones psíquicas encuentra confirmación en el análisis de la vivencia de numerosos pacientes adultos en psicoterapia. La toma de contacto, en las relaciones de *transfert* terapéutico, con sentimientos tan profundos, antiguos e inconscientes, siempre es una experiencia de intensidad muy elevada. Su salida a la superficie de la conciencia siempre provoca un gran dolor en el paciente, una gran rabia y muchas veces también una profunda vergüenza por su intensidad y aparente irracionalidad.

De este modo, la envidia es potencialmente ubicua a causa de su origen: ninguno de nosotros es inmune a ella, porque todos hemos tenido alguna experiencia de esta asimetría de fuerzas y poder entre la madre y el recién nacido, y nos hemos encontrado en la situación de depender totalmente de alguien que tenía a su disposición el bien que nos faltaba. Tales experiencias dejan en nosotros una huella inconsciente de malestar, lista para reactivarse cuando una experiencia presente hace que resuene una especie de «semejanza» emotiva: el otro que tiene o es algo que yo no tengo o no soy y que deseo mucho, hace que resuenen en mí las notas de aquel sentimiento antiguo, para volver a hacerme sufrir.

La envidia en las mujeres

Si la envidia es un sentimiento potencialmente tan común, ¿por qué las mujeres son especialmente vulnerables a su aparición y a su intensidad?

Para comprenderlo, hemos de volver a la especificidad del vínculo entre madre e hija.

La madre no solo constituye para su niña el objeto de su amor primero y fundamental, como para el varón. También es también el objeto necesario para su propia identificación: a través de la comparación con ella, la niña podrá definir poco a poco su modo femenino de «estar en el mundo». Para hacerse mayor, la niña tiene que hacer un recorrido que le permita convertirse en mujer como su madre, y que al mismo tiempo le diferencie de ella. Por este motivo, la madre es al mismo tiempo una persona muy amada, y una rival temible en el reino femenino. Es importante comprender que la rivalidad a la que me refiero no depende de las características de la madre, sino de un elemento estructural: la madre aparece como rival simplemente por ser adulta mientras que la niña es pequeña, y mujer mientras que la niña es niña. Todo lo que se refiere a ella se presenta a su hija como muy valioso y digno de deseo, pero también es inalcanzable muchas veces y, por eso, fuente de envidia.

Cuando la relación entre ellas se presenta difícil o conflictiva, por el motivo que sea, esta rivalidad estructural se puede hacer más intensa. Puede estar acompañada por sentimientos de exclusión particularmente dolorosos, destinados muchas veces a arraigar en el inconsciente.

Aquí se encuentra la causa de que, a la potencial presencia ubicua del sentimiento de envidia, en la feminidad se une algo que siempre amenaza, sobre todo cuando las relaciones se prestan a la comparación con las demás mujeres.

Tomar conciencia de esta posibilidad no debe asustarnos; al contrario, puede ser una gran ayuda. Hemos de aprender a aceptar serenamente que cada una de nosotras puede ser envidiosa de las demás mujeres. Sobre todo, hemos de aprender a identificar los signos indirectos de una envidia inconsciente, porque las consecuencias emotivas de una envidia no reconocida frecuentemente son como una pantalla divisoria, desagradable entre mujeres que se quieren.

Recojo a continuación, como ejemplo emblemático de esta condición, la carta que me ha enviado una señora joven, que se ha sentido atacada indirectamente por la envidia de una amiga querida.

«Querida doctora, tal vez el contenido de mi carta le parezca poco importante, pero el episodio que le quiero contar ha sido difícil para mí, y deseo conocer su opinión.

»Tengo 32 años y soy abogada. La semana pasada fui invitada a un encuentro sencillo para un ciclo de conferencias organizado entre amigos. Era la primera vez que exponía en público, por lo que estaba nerviosa y un poco ansiosa. He sentido un gran placer al ver que entraba en la sala una de mis amigas más queridas, abogada como yo, y he pensado que había venido para apoyarme y compartir conmigo esta experiencia.

»La conferencia fue positiva, lo pasé bien y he tenido la impresión de que el público había apreciado realmente mi intervención. Terminada la tarde, me puse enseguida a buscar a mi amiga, con la curiosidad de saber su opinión. Frente a mis expectativas, me ha parecido un poco fría y me ha prestado muy poca atención: me ha saludado, sí, pero sin entusiasmo y sin dejar de charlar con este y con aquel. Le pedí que me llevara en coche a la vuelta, con la esperanza de que una vez solas consiguiéramos hablar por fin, pero en el coche tampoco ha dicho una sola palabra sobre mi intervención: he llevado yo la conversación, preguntando por su hijo, por su marido, su trabajo. No he recibido de ella, ya no una felicitación, sino ni siquiera una observación, un comentario, una crítica...

»Llegué a casa herida e incrédula. Aun así, estoy segura de su amistad, porque me la ha demostrado muchas veces. ¿Qué ha pasado? ¿Por qué esta especie de frialdad y distancia? Aunque no quiero pensarlo, tengo la duda de que tal vez mi amiga haya sentido envidia de mi éxito. ¿Podría ser así realmente, o es mi mente retorcida la que se inventa una rivalidad improbable?» *(Lucía 1981).*

La situación que se acaba de describir es típica: una relación de amistad se ve sometida a prueba por la dificultad para reconocer y desmontar un sentimiento secreto de envidia. Es muy probable que la amiga se sintiera ofendida si Lucía le acusase de envidia, y que se sintiese incluso víctima de una crítica maliciosa e injusta. Con todo, entre las dos amigas ha ocurrido algo que ha incapacitado a una de ellas de disfrutar con el éxito de la otra.

Notar un sentimiento de envidia y no reconocerlo provoca una especie de ofuscamiento en la respuesta emotiva al otro: a pesar de tener las mejores intenciones, resulta imposible participar plenamente en su alegría o compartir sus sentimientos. Se percibe una especie de distancia desagradable hacia esa persona, que no se logra superar con la sola voluntad, y que está acompañada por una percepción de sí mismo igualmente desagradable. Este ofuscamiento emotivo y esta distancia conforman un movimiento psíquico inconsciente, con el que queremos defendernos del sentimiento de envidia, todavía más doloroso. Nuestra parte más consciente lo rechaza y expulsa, relegándolo al inconsciente del que proviene.

El elemento que activa el sentimiento de envidia entre mujeres casi siempre está relacionado con el éxito que se obtiene desde la propia posición femenina. También en este caso, se produce una prolongación de la relación infantil con la madre, en ese tiempo en que la niña observa con admiración y envidia los signos de su feminidad. La niña, con los instrumentos inmaduros de la edad infantil, considera bello y valioso lo que se ve, lo colorido, eso que brilla y llama la atención: la ropa, las joyas, el maquillaje. Son cosas que solo usa su madre y no el padre. Por eso, para ella se convierten en signo evidente de una especificidad envidiable y deseada, como bien saben quienes hacen de ellas objeto de un comercio cada vez más invasivo.

La comparación con la madre supone el comienzo de un recorrido en busca de la propia feminidad, que incluye los aspectos exteriores y que va a ser muy largo en el tiempo. La cuestión de lo bello y atractivo es central en el universo femenino. Las mujeres se enfrentan, mucho más que los hombres, al problema de encontrar un «estilo» propio, que viene a ser el encuentro feliz entre lo que sentimos que somos y lo que la moda (que representa las expectativas del mundo externo) espera de nosotros. El estilo de una mujer es un modo personal y creativo de interpretar la moda, sin convertirla en uniforme, pero capaz al mismo tiempo de acoger sus elementos destacados, sin enrocarse en una imagen preconcebida de sí misma. Obedecer ciegamente a la moda o rechazarla por completo constituyen, en el fondo, dos manifestaciones opuestas de que aquella mujer todavía no ha encontrado una relación consigo misma totalmente pacífica.

Ningún hombre se encuentra en la situación de encarar este tipo de desafío, porque para ningún hombre el tema puede ser tan significativo. En cambio, para la mujer el hallazgo de su propio estilo significa haber encontrado un equilibrio agradable y seguro entre interioridad y exterioridad, entre lo que aparece y lo que es. Muchas veces, es el resultado de un recorrido largo y más bien complicado.

A este propósito, la comparación con las demás mujeres puede resultar muy rica y estimuladora, si la envidia no lo imposibilita poniéndose en primer lugar.

En este punto, es importante añadir otra característica: la rivalidad entre mujeres nunca es simplemente un enfrentamiento «entre dos», porque siempre está presente la mirada de un tercero que las compara, por lo menos en el plano simbólico.

La cuestión del «tercero» es decisiva para la mujer. En situaciones de conflicto supone, muchas veces, un elemento de confusión entre los dos sentimientos diferentes de la envidia y de los celos, que tienen en común que su origen es muy precoz. Así, de la comparación con la madre también forma parte el tema del padre: cuál es su presencia en la vida de mamá, qué importancia le reconoce él a ella, cuánto amor le hace sentir a su pequeña, cuánto la valora. La niña puede estar *celosa* del amor del papá por la mamá, pero también puede tener *envidia* del mayor éxito o reconocimiento que la madre obtiene ante él. Los dos sentimientos se parecen, y fácilmente se confunden y mezclan entre sí, pero hay una diferencia, que consiste en el valor que se reconoce al «objeto-padre»: los celos se refieren al deseo de ser amada por papá, y así remiten a un «enamoramiento», en el que la niña reconoce el valor del papá y siente la importancia de su amor hacia ella; en cambio, la envidia no se refiere tanto al amor al padre o al deseo de ser correspondida, sino más bien a la rabia y al dolor de sentirse poco vista y poco considerada por él, a diferencia de la madre.

En la vida adulta, esta situación se puede repetir más de lo que parece: el interés y la atracción por un hombre que pertenece a otra mujer, que activan el deseo de apropiarse y quitárselo, no son siempre fruto de un verdadero «enamoramiento». En muchos casos se trata de la activación de un antiguo sistema envidioso, sobre todo cuando «la otra» es percibida, consciente o no, como una mujer envidiable. Entonces «su» hombre forma parte de lo que posee y, en cuanto tal, se vuelve especialmente interesante. En estos casos, es frecuente que, una vez obtenido el éxito deseado, el hombre del que una se sentía enamorada se vuelva poco interesante, o por lo menos mucho menos interesante de lo que había imaginado al principio.

Pero el «tercero» del que hablamos no siempre y necesariamente es una persona física concreta. También puede estar representado por un grupo o ambiente común, por el que las dos mujeres se sienten observadas, valoradas y comparadas. El tema envidioso siempre activa dos extremos: por un lado, se idealiza el objeto envidiado, y por el otro se desvaloriza una misma. Si la mujer, a causa de su historia, tiene un sentido de sí misma demasiado frágil y precario, es fácil que la comparación con una personalidad que le parece más fuerte, más segura y mejor definida active el mecanismo doloroso de la envidia: el éxito de la otra nos hiere, porque parece como un signo de que está llena de riquezas que no conseguimos tener, y esto hace que nos sintamos inadecuadas, injustamente excluidas. Son muchas las situaciones que pueden desencadenar este mecanismo, con varios niveles de profundidad: el éxito social de una amiga, su éxito sentimental, sus logros laborales. La mujer que no reconoce en sí misma este veneno y no aprende a compensarlo se convierte en envidiosa, con toda su carga negativa. En concreto, la envidia activa el deseo de atacar a la persona envidiada, de hacer que caiga de lo que nos parece como un pedestal, para privarla de su posición y devolverla a un nivel inferior, a fin de reducir la distancia dolorosa que sentimos entre nosotros y ella. La maledicencia, que es signo de una feminidad «mala», es una de las armas más letales de esta lucha en femenino, que nace de la envidia.

Ser solidarias

Con todo, la trampa a la que me he referido no es inevitable: identificarla es el primer paso, indispensable para combatirla. Representa el mejor modo de situarse en el buen camino. Comprender el mecanismo envidioso en su origen, y sus manifestaciones, permite aprender a desmontarlo: es necesario actuar sobre las mismas palancas que lo activan.

Lo primero que hay que saber, y lo más importante, es que la envidia nace de un sentimiento de exclusión. Por eso se combate aprendiendo a valorar siempre los dones del otro, y ejercitándose en poner los que uno tiene a disposición de los demás.

Las mujeres son tendencialmente perfeccionistas y aspiran a la máxima aprobación por parte del mundo que les rodea. Esto les lleva a invertir esfuerzos que muchas veces son excesivos, porque quieren responder a todas las demandas y a todas las exigencias: quieren agradar a todos.

No obstante, por muy capaz que sea y por mucho que se esfuerce, ninguna mujer podrá nunca conseguir cubrir todo el abanico de posibilidades y desarrollar todas las dotes y habilidades de la feminidad. Ninguna de nosotras puede ser perfecta en todos los campos, y está bien que sea así. La excelente profesional, la excelente madre, la decoradora y cocinera ejemplares, es muy improbable que se encuentren reunidas (y diría que afortunadamente) en la misma mujer. No todas son expertas en moda o en maquillaje, no todas tienen la competencia necesaria para administrar bien la casa u organizar una cena de trabajo. Cada una de nosotras tiene, en cambio, sus dones, sus capacidades, sus inclinaciones y pasiones; y puede, si quiere, ponerlas al servicio de las demás.

Esta última posibilidad nace de la solidaridad femenina. Una vez que escapan a la trampa de la envidia, las mujeres son más capaces que los hombres de crear redes verdaderamente solidarias. En ellas, cada una puede poner a disposición de todas eso de lo que es capaz, al servicio de las demás.

Yo misma he podido comprobarlo muchas veces: una amiga sabe aconsejarte sobre el arreglo de la casa o dónde comprar lo que buscas, otra te pasa una receta, y aquella te da un consejo educativo muy útil; también está la que recoge a tus hijos del colegio, a la vez que a los suyos. Está la amiga abogada y la amiga médico, dispuestas a aconsejarte y ayudarte con una atención que supera el rol profesional. Es suficiente estar abiertas al intercambio, porque son muy numerosas las ayudas que las mujeres saben y pueden darse mutuamente, en todos los campos, con aquel «plus» de atención y premura que les caracteriza.

En el plano profesional, las relaciones entre mujeres no están necesariamente destinadas al conflicto y a la rivalidad, tal vez oculta. En cambio, es posible aprender a pensar en las demás como potenciales aliadas y no como potenciales rivales. Es posible respetarlas y apoyarlas, en la medida de lo posible.

En el trabajo, como en la vida, siempre es posible aprender a reconocer y valorar las respectivas competencias, gestionar los conflictos y a evitar los comentarios negativos hacia quienes nos rodean.

En pocas palabras: es posible ser verdaderamente amigas.

Toda mujer sabe que la amistad femenina, cuando es auténtica, puede regalar cosas muy difíciles de encontrar en la amistad masculina, porque las mujeres pueden ser capaces de una colaboración y de un intercambio verdaderamente equivalente, más allá de cualquier diferencia formal.

Estoy segura de que, si nos empeñamos en trabajar en esta dirección, lograremos desarrollar por fin redes de solidaridad extraordinarias e inéditas en todos los campos, desde la familia al trabajo. Conseguiremos producir resultados realmente nuevos y sorprendentes por su creatividad.

CONCLUSIONES

Un sueño

«Tengo que salir para un viaje de trabajo y voy con mucha prisa. Paso por casa para hacer la maleta, pero está hecha un desastre: todas las plantas están demasiado regadas y el suelo está encharcado y sucio.

»A pesar de todo, me preparo como puedo y salgo, muy agitada, camino del aeropuerto. Pero a mitad de camino caigo en la cuenta de que, con la confusión, me he dejado en casa la maleta…

»Más agitada aún, vuelvo atrás. Ya es casi de noche. Pienso que el vuelo ya habrá salido y no habrá forma de llegar a tiempo a mi cita de trabajo.

»Pero, cuando llego a casa, ya no es la casa donde vivo ahora, sino la de mi infancia, y en la ventana está mi madre. Es joven y sonríe. Dice que no me preocupe: seguramente pueda salir mañana y también se podrá solicitar un reembolso. Después me enseña un viejo cuaderno que ha encontrado y guardado para mí: es de la abuela. Paso las hojas, y veo que está lleno de recetas, dibujos y consejos prácticos sobre el mejor modo de hacer las cosas...».

Como todos los sueños, este que debo a una paciente incluye muchos elementos de carácter personal. Pero, más allá de ellos, pienso que también contiene elementos particularmente interesantes y útiles para todas las mujeres. Mi paciente y yo lo hemos traducido más o menos así: cuando la vida de una mujer «hace agua por todas partes», lo más importante que hay que hacer es ponerse en contacto dentro de una misma con la feminidad buena, la que está representada en la madre joven y sonriente del sueño, que a su vez está unida a su madre en la larga cadena de las generaciones.

Esta madre y esta abuela «internas» (es decir, pertenecientes al mundo interior simbólico de cualquier mujer) señalan una potencialidad femenina muy sabia: la de no dramatizar, inventar soluciones, reparar lo que no va bien, volver a poner en marcha la vida cuando se ha atascado. Señalan el camino para tratar de hacer lo que se pueda, renunciando a la ilusión de una perfección inútil. Además, enseñan que, hasta en las situaciones más difíciles, siempre se puede hacer algo para retomar el camino, o los hilos interrumpidos de una relación.

Este algo que se puede hacer, y que es necesario, nunca tiene un carácter abstracto. En el sueño está representado por el precioso cuaderno de la abuela, que la madre entrega a la hija: contiene recetas, dibujos, apuntes, que hablan de cosas muy concretas. Precisamente en esto consiste el bagaje de sabiduría que las mujeres se transmiten unas a otras, de madre a hija.

Según el psicoanálisis, la mujer es portadora de una sabiduría particular, que tiene su origen en lo profundo de la feminidad y que cada madre debe transmitir a sus hijas. Es un saber muy rico y matizado, que se ha construido a lo largo del tiempo, gracias al intercambio y la aportación de todas las mujeres que entran en contacto mutuo. Es un conocimiento que se extiende desde el cuidado del cuerpo al de las relaciones, que se refiere al modo en que se hacen las cosas y permite discernir entre lo que beneficia y perjudica a las personas. Está compuesto por una serie de creencias, pensamientos y costumbres: conocimientos no necesariamente racionales, pero siempre prácticos y muy útiles para navegar en la vida. En este depósito de conocimientos, que quizá ni siquiera son totalmente conscientes, cada mujer, una vez convertida en madre, tiene a su alcance una serie realmente infinita de circunstancias cotidianas.

Los ejemplos podrían ser muchísimos. Me limito a elegir uno muy sencillo y cotidiano: el de la madre que, cuando su pequeño grita porque se ha hecho una herida en la rodilla, le pone con seguridad una «tirita mágica invisible», mientras le recita, con el tono adecuado, «cura, cura, culito de rana, si no curas hoy curarás… mañana».

Este gesto instintivo y sencillo, que casi siempre logra tranquilizar al niño de una forma realmente mágica, es precisamente un gesto aprendido de la propia madre por medio de esta transición de un saber que es a la vez práctico y profundamente relacional.

El modo «adecuado» de acunar a un recién nacido, de cocinar a la parrilla, de quitar las manchas difíciles, de curar pequeñas heridas y otras mil cosas más, son competencias que se aprenden de mujer a mujer, de madre a hija. Las cosas que se aprenden así son siempre las mejores, no porque sean realmente las más adecuadas, sino porque fundamentan el bagaje de seguridad que tiene una mujer joven cuando se introduce en la vida: le permiten llevar consigo a la madre, a la abuela y a todas las demás mujeres que han colaborado en la construcción de esta forma de saber.

Desgraciadamente, con la que he denominado «desaparición de las madres», también se está agotando este tipo sabio de transmisión. Es difícil para las madres transmitirla a sus propias hijas, sobre todo, porque han dejado de comprender su valor. No llaman a las hijas para darles a conocer los pequeños secretos de la vida, tal vez porque muchas de ellas ya no los conocen.

A pesar de ello, las chicas nunca dejan de necesitar esta riqueza, aunque hoy más que en el pasado sus vidas se desarrollan fuera de las paredes domésticas, y aunque estudien y se encaminen hacia profesiones importantes. Todavía tienen, tal vez incluso más que nunca, necesidad de esa sabiduría especial y concreta de la feminidad, para poder vivir bien y construir el *hábitat* necesario para la vida de cada nuevo ser humano.

La sabiduría del tiempo

El sueño que he recogido tiene otro elemento significativo y muy característico de nuestros días: es un sueño agobiado, que presenta a una mujer corriendo contra el tiempo. En efecto, la mayoría de mujeres vive hoy el tiempo como un enemigo, contra el que luchar a diario para intentar «cuadrarlo todo»: la familia, el marido, los hijos, el trabajo, los abuelos, y tal vez algo de cuidado de sí misma... El tiempo del «hacer», en el que ya nos encontramos todas inmersas, es un tiempo masculino, que se nos queda pequeño: tampoco en la percepción del tiempo somos iguales, varones y mujeres.

El tiempo masculino es el tiempo del reloj, que es objetivo y solo corre hacia adelante, hacia un objetivo o una meta. El tiempo femenino, en cambio, es un tiempo circular, rítmico, que pide flexibilidad porque está relacionado con muchas variables subjetivas y relacionales.

¿Cuánto dura el llanto de un niño cuando la madre sale de casa y lo deja? El padre dirá que no ha durado más de cinco minutos, la madre dirá que era interminable. El tiempo de la mujer nunca es simplemente el tiempo del reloj, sino que está fuertemente ligado a las relaciones, porque el suyo es un «tiempo para el ser humano». Esto, naturalmente, no significa que la mujer no dé valor al tiempo objetivo y no tiene nada que ver con el estereotipo de la mujer que nunca es puntual, o nunca está lista para salir. En cambio, quiere subrayar que para la mujer la vida es más fuerte que cualquier otra cosa, y que para ella la persona siempre tiene prioridad. Por esto suele estar más dispuesta a «ajustar» sus tiempos según las exigencias de la vida, muchas veces cambiantes. Pensemos, por ejemplo, en el modo en que se desarrolla la típica salida de una familia rumbo al lugar de vacaciones: una vez establecida la hora de la partida, el hombre se pone muy nervioso si las necesidades imprevistas de alguien le obliga a cambiar sus planes y su hoja de ruta. En cambio, eso mismo no altera de la misma manera a ninguna mujer, pues no percibe como un problema la adaptación a la nueva situación, y modifica sus tiempos.

El mismo patrón se repite continuamente, tanto en la vida familiar como en la profesional. Crea frecuentes incomprensiones y dificultades entre hombre y mujer. Solo haría falta comprender que cada sexo es portador de un modo diferente de vivir el tiempo, y que cada uno de ellos presenta puntos fuertes y débiles: la mujer, por ejemplo, es más flexible, está más dispuesta al cambio, es adaptable a las exigencias de las personas. Pero, por estos mismos motivos, puede ser más desordenada, menos atenta a centrarse en el objetivo y más dispersa. El hombre, por el contrario, se centra en el objetivo y en los tiempos objetivos, pero esto amenaza con volverle más rígido y poco atento a las exigencias de las personas, con implicaciones potencialmente negativas tanto en el plano personal como en el profesional.

Como se puede apreciar, ninguna de las dos modalidades es mejor que la otra, porque ambas son necesarias. Solo la capacidad de colaborar a fin de encontrar una buena mediación puede volver realmente fructuoso y útil el tiempo.

El tiempo de la mujer no es, por tanto, solo el tiempo del «hacer». Pero, aparte de ser un tiempo tan rico en vivencias relacionales, el tiempo femenino se caracteriza porque está muy ligado a las situaciones del cuerpo. La vida de las mujeres se construye sobre tiempos pautados por transformaciones físicas importantes.

Hay un tiempo para ser niñas. Es una etapa en que el cuerpo es silencioso, y la imaginación se recrea en la idea de que el propio cuerpo es como el de la madre, y que, como él, crecerá, desarrollará un seno, podrá contener a los niños. Es el tiempo del juego y de la amistad. Un tiempo para aprender, para descubrir el libre placer de conocer.

Está el tiempo de la preadolescencia, que precede y sigue a la menarquía. Es un tiempo que se anuncia mediante imaginaciones vinculadas al interior misterioso del cuerpo, con deseos intensos que muchas veces carecen de objeto, con sensaciones vagas y misteriosas, difíciles de expresar. Un tiempo que requiere protección, penumbra, espacio para dejar correr la imaginación. Reclama pensamientos de prueba, que se puedan acercar y alejar. Necesita que las experiencias concretas esperen.

Sigue el tiempo de la adolescencia, que es para someterse a prueba, conocer el propio cuerpo y el deseo, y aprender a orientarlo y gobernarlo. Es necesario estar protegidas por un mundo adulto que establezca límites y marque las fronteras, aunque esto hace más interesante la idea de superarlos.

Después llega el tiempo de la vida adulta, en el que el mundo se reviste de una creatividad hecha de amor, de hijos, de ideas, de proyectos y actividades.

Y está el tiempo de la menopausia, que siempre marca un paso decisivo para las mujeres, en el que es necesario aprender a modificar las propias decisiones vitales. La menopausia abre una fase de la vida que ya es muy larga para la mujer, y la enfrenta al desafío de relanzarse a sí misma e incluso hacia nuevos proyectos, que pueden nacer de una seguridad incrementada por la experiencia. Experimenta nuevas libertades: se siente menos condicionada por la propia imagen, se acepta más por ser quien es, con sus límites inevitables.

Finalmente, está la vejez, que iguala las posiciones masculina y femenina, hasta ahora tan distintas, porque las pone frente al mismo deber humano fundamental: saber dar pleno sentido a cada día que quede de vida, afrontando el tema de la muerte. En la vejez, hombre y mujer pueden y deben aprender a dejar las cosas, entregándolas a quienes vengan detrás.

«Hay un tiempo para cada cosa». Esta frase tan famosa del Libro del Eclesiastés recoge una profunda sabiduría que nuestra época parece haber perdido definitivamente.

Vivimos días en que, a la prolongación objetiva de la esperanza de vida, corresponde la percepción subjetiva de una mayor brevedad y fugacidad del tiempo. Corremos más y tenemos menos tiempo. Los verdaderos tiempos de la vida, también de esa vida cíclica y rítmica de la mujer, se han reducido a esos breves momentos de la juventud, única fase de la existencia que es considerada como «buena» en sí misma. La vida infantil parece haberse convertido en una especie de gimnasio, donde acumular el mayor número de competencias posibles para gastarlas en el futuro trabajo; la preadolescencia y la adolescencia buscan quemar etapas, para gozar de una especie de moratoria en compromisos y responsabilidades; la vejez no se nombra siquiera, se transforma en una tercera y una cuarta edad, todas con la tensión de no perder eficiencia y posición.

Ya no somos capaces de captar el valor único y específico de las diversas edades de la vida, cada una con su propio don y su propia limitación, y precisamente por esto la vida se nos escapa.

Con todo, nuestra condición de criaturas y nuestra humanidad siguen «sabiendo» que la vida del hombre está compuesta de tiempos diferentes, y que todos ellos son preciosos. La causa es que nuestro cuerpo es mortal: nacemos, crecemos, nos transformamos y tenemos como puerto seguro la muerte, con su pregunta crucial sobre el sentido.

Tener la sabiduría del tiempo implica mantener en lo profundo un buen contacto con esta verdad y saber vivir la vida con alegría y plenitud, en cada una de sus edades. El secreto para no dejarse vencer por el tiempo es estar bien radicados en el presente, y cuidar de todo lo que pasa por nuestras manos, sean cosas pequeñas o grandes. Principalmente, es cuidar de las relaciones, que son nuestro bien más valioso. Tal vez corresponda a las mujeres comprender y hacer revivir este modo de interpretar el tiempo, que sabe valorar cada momento, gozarlo, saborearlo: solo cuando hemos vivido cada momento plenamente y con cuidado podremos después aceptar los diferentes pasos de la vida sin demasiados lamentos inútiles.

Celebrar

Un modo muy importante de hacer precioso el tiempo es celebrar. El diccionario define la fiesta como «tiempo destinado a dar solemnidad a un acontecimiento, un aniversario, un hecho importante, que normalmente se celebra con el descanso de los trabajos cotidianos y con ceremonias o actos determinados».

Dar solemnidad significa dar valor, convertir algo en especial. Incluye dos cosas: la suspensión de lo cotidiano y la introducción de algún ritual especial, que selle la diferencia entre diario y festivo.

Es importante subrayar que no se puede considerar fiesta el solo hecho de no trabajar, y que no hay equivalencia entre «fiesta» y «tiempo libre». Al contrario, entre una cosa y otra hay diferencias muy importantes, que hoy quizá hayamos olvidado.

En el «tiempo libre», se libera el tiempo del trabajo porque este se vive sobre todo como un esfuerzo al que es difícil dar sentido. El tiempo libre es *week-end*, palabra que designa simplemente un tiempo cronológico de suspensión, que se rellena con otro, donde no se hace lo acostumbrado.

Pero el tiempo del trabajo y el tiempo de la fiesta no pueden estar contrapuestos, bajo la pena de vaciar ambos. El ser humano necesita considerarlos como tiempos y realidades que se entrelazan, y que por eso también se dan sentido mutuamente.

Sin trabajo no puede haber verdadera fiesta, como saben bien las personas que pierden el trabajo y que no pueden, de ninguna manera, considerar fiesta el mucho tiempo libre que tienen a su disposición.

El tiempo libre es sobre todo un tiempo para *hacer*. No exige necesariamente ponerse en relación con otros. Uno también puede ocuparlo solo, porque su fin es liberarse de una cotidianidad que se percibe como trabajosa o poco significativa. Por tanto, está relacionado con el concepto de *divertirse*, palabra que en sentido etimológico significa volverse a otro lugar, alejándose de aquello que constituye nuestra actividad acostumbrada.

El sentido de la fiesta es totalmente distinto. Si el tiempo libre es el tiempo del «hacer», la fiesta es un tiempo para «estar», palabra que remite al ser y sobre todo al ser-en-relación. A diferencia del tiempo libre, la fiesta no es concebible en soledad, precisamente porque es tiempo/espacio para la/las relación/es; también eso que en la fiesta se «hace» tiene como fin estar bien juntos. La fiesta siempre nace de la necesidad/ deseo de subrayar un valor y compartirlo al mismo tiempo: se puede celebrar un evento único, especial (una graduación, un bautismo, un matrimonio) y se puede celebrar un evento que se repite cíclicamente (un cumpleaños, un aniversario). La celebración cíclica de un acontecimiento lo subraya y hace que se convierta en parte integrante de una historia, con un valor compartido por todos aquellos que lo celebran juntos. Es un modo de «hacer memoria juntos» de un evento, para confirmar su importancia para ese grupo, ya sea familiar, comunitario o social. Significa, por tanto, construir, contar y recordar juntos una identidad compartida, propia de ese grupo, y consolidarla precisamente gracias al hecho de celebrarla juntos.

Leídas bajo esta luz, también nuestras fiestas más comunes adquieren un nuevo significado: por ejemplo, en el cumpleaños, la familia reunida confirma el valor que reconoce al celebrado, la alegría de que haya venido al mundo y su pertenencia a ese grupo; el santo subraya el valor especial de un nombre, que ha sido pensado y querido precisamente para quien lo lleva, que le caracteriza, y le pone bajo la protección buena de un santo, tal vez especialmente querido para sus padres.

También es importante recordar todos los aniversarios que constituyen un momento significativo para ese grupo, porque alrededor de estos rituales y memorias compartidas la familia humana significa y refuerza sus propios vínculos.

Por eso, en un momento en que los vínculos parecen tan frágiles, es necesario volver a celebrar, precisamente desde la propia familia. En la familia es importante cuidar que haya momentos de fiesta, pero también hay que saber cultivar códigos de celebración que sean específicos de ese grupo concreto, que se conviertan en «nuestro» modo de celebrar. Es importante cuidar los signos, los modos, el estilo de la fiesta. Y es importante inventar ocasiones para celebrar, decidiendo a lo que queremos dar valor y qué elementos de nuestra historia queremos que sean recordados.

Más allá de las ocasiones especiales, es importante establecer un ritmo en el tiempo de la semana, para señalar la diferencia entre diario y festivo, volviendo a hacer del domingo el día del descanso y de estar juntos.

El domingo merece ser preservado como día de la familia, y sería bonito encontrar los propios rituales que lo hagan especial. Lo más sencillo, siempre, es comer juntos alrededor de una mesa más cuidada de lo normal y con alimentos menos comunes, entre otras cosas, porque la comida siempre es un signo fuerte de atención a la persona, y lo es especialmente cuando se ha cocinado y presentado cuidadosamente.

En este punto, me gusta recordar que, para el cristiano, el domingo bien celebrado es simultáneamente una declaración de identidad y un refuerzo de la identidad misma.

Instintivamente, a las mujeres les gusta mucho hacer fiestas y celebrar los aniversarios, porque responde a su modo rítmico y circular de sentir el tiempo. Este se ha hecho a base de eventos que se repiten, siempre iguales y siempre nuevos, cada vez enriquecidos con lo que ha madurado en esa semana, en ese mes, en ese año.

Por eso, depende de ellas que este placer no se pierda, sino que se siga cultivando. Ellas deben llevar el gusto de la fiesta a los ambientes que frecuentan: este es otro de los dones preciosos que la condición femenina puede aportar al mundo.

BIBLIOGRAFÍA

AA.VV., *Dio affida l'essere umano alla donna*, Lev, Roma 2014. Edición española: *Dios confía el ser humano a la mujer*, Lev, Roma 2015.

M. BRANCATISANO, *Approccio all'antropologia de la differenza*, Edusc, Pontificia Università Santa Croce, Roma 2004.

L. BRIZENDINE, *Il cervello delle donne*, BUR, Milano 2013. Edición española: *El cerebro femenino*, RBA, Barcelona 2010.

T. CANTELMI - C. CACACE - E. PITTINO, *Maternità interrotte*, San Paolo, Cinisello Balsamo 2011.

H. DEUTSCH, *Psicologia della donna*, vol. I e vol. II, Boringhieri, Torino 1991. Edición en español: *La psicología de la mujer*, Buenos Aires, Losada 1947.

F. DOLTO, *Il desiderio femminile*, Mondadori, Milano 1994.

C. ELIACHEFF - N. HEINICH, *Madri e figlie: una relazione a tre*, Einaudi, Torino 2003. Edición española: *Madres e hijas. Una relación de tres*, Algaba, Madrid 2003.

M. KLEIN, *Invidia e gratitudine*, Martinelli, Firenze 1969. Edición española: *Envidia y gratitud*, Paidós, Barcelona 1991.

L. Jarosch - A. Grun, *Regina e selvaggia*, San Paolo, Cinisello Balsamo 2005. Edicion española: *La mujer: reina e indomable*, Sal Terrae, Santander 2006.

C. G. Jung, *L'uomo e i suoi simboli*, Cortina, Milano 1983. Edición española: *El hombre y sus símbolos*, Paidós, Barcelona 1995.

J. Lacan, *Il seminario. Libro XX. Ancora. 1972-1973*, Einaudi, Torino 2011. Edición española: *El seminario*, Paidós, Barcelona 1981.

C. Lafontaine, *Il sogno dell'eternità*, Medusa, Milano 2009.

M. Meeker, *Papà sei tu il mio eroe*, Ares, Milano 2012. Edición española: *Héroe. Cómo ser el padre fuerte que tus hijos necesitan*, Ciudadela, Madrid 2017.

L. Palazzani, *Sex/gender: gli equivoci dell'uguaglianza*, Giappichelli, Torino 2011.

A. Pellai, *Tutto troppo presto*, De Agostini, Milano 2015.

C. E. Pinkola, *Mujeres che corrono coi lupi*, Frassinelli 2011. Edición española: *Mujeres que corren con los lobos*, Zeta Bolsillo, Barcelona 2005.

J. Ratzinger, *L'elogio de la coscienza: la verità interroga il cuore*, Cantagalli, Siena 2009. Edición española: *El elogio de la conciencia. La verdad interroga al corazón*, Palabra, Madrid 2010.

E. Stein, *La donna*, Città nuova, Roma 2007. Edición española: *La mujer*, Palabra, Madrid 2006.

M. Terragni, *La scomparsa delle donne*, Mondadori, Milano 2007.

K. Wojtyla, *Amore e responsabilità*, Marietti, Genova 1979. Edición española: *Amor y responsabilidad*, Palabra, Madrid 2016.

ESTE LIBRO, PUBLICADO POR
EDICIONES RIALP, S. A.,
MANUEL URIBE, 13-15, 28033 MADRID,
SE TERMINÓ DE IMPRIMIR EN
ANZOS, S. L., FUENLABRADA (MADRID),
EL DÍA 20 DE MARZO DE 2024.